정말 그럴 때가
있을 겁니다

정말 그럴 때가 있을 겁니다

초판 1쇄 인쇄 | 2025년 9월 10일
초판 1쇄 발행 | 2025년 9월 15일

엮은이 | 김창훈 맹문재
펴낸이 | 손승혜
기획·편집 | 이주상
디자인 | 아르케 디자인
펴낸곳 | initio

출판등록 | 2024년 6월 13일 (제2024-000076호)

주소 | 서울 종로구 경희궁1길 35
이메일 | sang1984@naver.com

ⓒ 2025 김창훈 맹문재
ISBN 979-11-990323-9-2 03810
값 20,000원

* 파본은 본사나 구입하신 서점에서 교환해 드립니다.
* 이 책의 판권은 지은이와 이니티오 출판사에 있습니다. 내용의 전부 또는 일부를 재사용하려면 반드시 양측의 서면 동의를 받아야 합니다.

노래가 된 시 이야기

정말 그럴 때가
있을 겁니다

이니티오

차 례

책머리에
나의 하루를 부르는 김창훈의 시노래 … 008
아름다운 얼굴 · 맹문재 … 014

제1부　다시는 못 볼 것처럼

풍경 달다 · 정호승 … 020
와불臥佛 일어서다 … 021

눈의 묵시록 · 송종찬 … 032
자작나무 가지 위에 내리는 눈 … 034

숭어 한 마리 · 김영춘 … 040
내 가슴에는 아직도 후들거림이 산다 … 043

좋겠다 · 고운기 … 049
제발 뗏목을 타라 … 050

오리 · 우대식 … 055
영원을 향한 길, 영원히 끝나지 않을 길 오리五里 … 056

다시는 못 볼 것처럼 · 정지윤 … 062
다시는 못 볼 것처럼 … 064

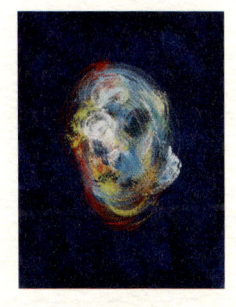

제2부 우리가, 같은 주소를 갖고 있구나

봄날은 간다 · 김선태 ··· 070
봄날은 간다 ··· 071

소주병 · 공광규 ··· 076
소주병에 대한 단상 ··· 077

저물녘 · 길상호 ··· 084
반쯤 남은 달에 도착하면 ··· 086

내 품에, 그대 눈물을 · 이정록 ··· 092
우리가, 같은 주소를 갖고 있구나 ··· 094

애절 · 한영옥 ··· 102
옆에 있는 사람이 그토록 짙어오던, ··· 103

묘생 2 · 이용한 ··· 110
시골에서 고양이와 삽니다 ··· 111

제3부   **천년만년 묻어둔 지독한 사랑**

첫사랑 · 정세훈 … 118
첫사랑 … 119

봉숭아 · 도종환 … 124
봉숭아와 꽃잎 인연 … 125

너의 연인이 되기 위해 · 신달자 … 130
'너'라는 대상을 향하여 … 132

비밀 · 강민숙 … 140
천년만년 묻어둔 지독한 사랑 … 141

사랑의 자세 · 변종태 … 146
가슴이 셔터를 누를 때 … 147

제4부　그대의 마음으로 스며드는

두 개의 칫솔 · 고두현 ··· 154
산울림과 홍대 골목길과 '두 개의 칫솔' ··· 155

무안역 · 박관서 ··· 162
그대의 마음으로 스며드는 시노래 무안역 ··· 163

파랑새 · 김준태 ··· 170
파랑새는 노래가 되어 날은다 :
시는 사람과 하늘과 땅을 잇는 노래 ··· 171

모과 · 서안나 ··· 176
산울림은 평화와 사랑 ··· 177

물방울 꽃 · 성향숙 ··· 182
산울림과 물방울 꽃 ··· 183

풀꽃 · 나태주 ··· 188
'풀꽃' 시의 영광 ··· 189

정말 그럴 때가 · 이어령 ··· 192

책 뒤에

시노래 1,000곡을 마무리하며 · 김창훈 ··· 194

그림 리스트 ··· 198

시노래 악보 ··· 199

책머리에

나의 하루를 부르는 김창훈의 시노래

맹문재

1

나의 하루는 김창훈 선생님이 작곡한 시노래를 듣는 것으로 시작하거나 마무리됩니다. 이른 아침에 김창훈 선생님은 시노래를 카톡으로 보내주시는데, 그 노래를 일과 시작 전에 듣거나 바쁜 날은 일과를 끝내고 듣습니다.

그때마다 어떤 시가 노래로 만들어졌는지, 작곡가는 시를 어떻게 이해하고 있는지 관심을 두게 됩니다. 가락이 느린 노래, 빠른 노래, 명랑 쾌활한 노래, 슬픈 노래, 동심 어린 노래 등을 들으면서 시의 주제와 연결해 보곤 합니다.

때로는 바쁜 일로 선생님이 보내주시는 시노래를 못 들을 때도 있습니다. 며칠씩 쌓이기도 합니다. 그럴 때는 듣지 못했던 노래를 뒤늦게 찾아 듣습니다. 그렇지만 여러 곡을 몰아 듣지는 않고, 가능한 한 하루에 한 곡씩만 들으려고 합니다. 한꺼번에 여러 곡을 들으면 노래 감상을 제대로 할 수 없기 때문입니다. 어떤 노래는 좋아서 몇 번씩 듣기도 합니다. 좋은 노래를 들을 때는 나도 좀 더 시를 잘 써야겠다고 생각합니다.

2

2021년 9월 초 김창훈 선생님은 나의 시 「아름다운 얼굴」에 곡을 붙였다며, 시를 사용해도 되느냐고 연락해 오셨습니다. 중학생 시절 정말 좋아했던 산울림의 김창훈 가수가 나의 시를 작곡했다는 사실에 깜짝 놀라 흥분했습니다.

노래를 들어보니 나의 시가 추구하는 사색적인 면과는 달리 상당히 빠른 리듬이어서 낯설게 들렸습니다. 나의 시가 새롭게 느껴지는 경험을 한 것입니다. 나는 가문의 영광으로 여긴다며 감사의 인사를 드렸습니다.

나의 시는 9월 10일 노래로 만들어져 세상에 공개됐고,

그 뒤부터 선생님은 다른 시노래를 카톡으로 보내주셨습니다. 선생님께서 보내주신 시노래를 호기심으로 듣기 시작해 어느덧 일상의 중요한 부분이 되었습니다. 노래를 들을 때마다 선생님의 천재적인 작곡 능력은 물론이고 성실함에 감탄합니다.

2021년 12월 15일 저녁 선생님을 처음 뵈었습니다. 선생님께서 맛있는 저녁을 사 주셨는데, 기분이 좋아 얼큰하게 취할 정도로 술을 마셨습니다. 그날 사인을 받겠다는 생각으로 오랫동안 들었던 〈산울림〉 1집과 〈산울림〉 2집 CD를 챙겨 갔습니다.

한꺼번에 13장의 CD를 모두 가지고 갈까 하다가 자주 봬야겠다는 욕심으로 일단 두 음반만 가방에 넣었습니다. 그런데 선생님께서도 내게 선물로 주려고 〈호접몽〉과 〈황무지〉 CD를 들고 오셨습니다. 그때의 기쁨은 이루 말할 수 없었습니다.

집에 돌아와서 살펴보니 〈호접몽〉은 선생님의 정규 음

반 4집이었고, 〈황무지〉는 선생님이 결성한 록밴드 블랙스톤즈의 0집이었습니다. 나는 한동안 선생님이 선물로 주신 CD를 듣는 행복감에 젖어 살았습니다.

그날 저녁 자리에서 선생님은 시노래 작곡을 100곡 정도로 생각한다고 말씀하셨습니다. 나는 욕심이 생겼습니다. 나처럼 기뻐하는 시인들이 많을 테고, 또 좋은 노래를 많은 사람에게 들려주고 싶었던 것입니다. 그래서 100곡으로 멈추지 마시고 건강과 창작력이 허락하는 한 많이 만들어달라고 부탁드렸습니다. 그만큼 시노래의 의미가 크다고 생각한 것이었습니다.

시노래 작품의 선정 기준이 필요하다는 말씀도 드렸습니다. 시를 쓴 시인의 삶과 역사적 평가를 반영할 필요가 있다고 한 것입니다. 가령 일제강점기에 민족과 국가를 배신한 친일 시인의 경우 그 상황을 무시하고 무조건 배제할 일은 아니지만, 그렇다고 비판 없이 수용해서는 안 된다고 전했습니다.

그런 의견에 공감하셨는지 선생님은 더욱 작곡에 매진하

셨습니다. 선생님의 놀라운 작업에 감탄하면서 혹시 건강을 상하지는 않을까 하는 우려가 들기도 했습니다.

3

어느덧 김창훈 선생님은 시노래 1천 곡을 작곡했습니다. 정말 기네스북에 오를 만한 대기록입니다. 2023년 5월 29일 서울 서교동 홍대 부근에서 시노래 500편 완성 기념 공연이 열렸습니다. 그 자리에 나는 관객으로 참석해 "김창훈 선생님이 작곡한 500곡 넘는 시노래는 이전에 없었고, 앞으로도 나오기 힘든 정말 큰 업적"으로 "한국 시단을 풍성하게 하는 축복이고, 우리 음악계의 큰 자산"*이라고 덕담했습니다.

그 업적의 갑절을 이룬 시노래 1천 곡 작업을 그냥 넘길 수 없다는 생각이 들었습니다. 시노래의 시인들이 시와 노래에 얽힌 이야기를 들려 주면 좋을 것 같았습니다.

---

* 서정민, 「'산울림' 둘째 김창훈, 시 500편을 노래로 부르다」,
『한겨레』, 2023년 5월 30일.

편의상 스물세 분의 글을 우선 받기로 하고, 이번에 빠진 분들은 또 다른 기회를 마련해 보기로 했습니다. 조촐한 자리로 생각했는데 나태주, 신달자, 김준태 선생님을 비롯해 귀한 시인들께서 주옥같은 글을 보내주셔서 풍성한 잔치 마당이 되었습니다.

김창훈 선생님의 시노래 작업을 응원하고 축복해주시는 독자분들께도 감사의 인사를 드립니다.

아름다운 얼굴

맹문재

아주 잠깐이었지만
대천 앞바다에서 윤슬을 바라보다가 깨달은 일은
아름답게 죽는 것이었다

소란하되 소란하지 않고
황홀하되 황홀하지 않고

윤슬이 사는 생애란 눈 깜짝할 사이만큼 짧은 것이지만
그 사이에 반짝이는 힘은
늙은 벌레가 되어가는 나를 번개처럼 때렸다

바람에 팔락이는 나뭇잎처럼
비늘 조각 하나 남기지 않고 사라지는 윤슬의 얼굴
너무 장엄해
나는 눈을 감을 수 없었다

아주 잠깐이었지만

대천 앞바다에서 윤슬을 바라보다가 깨달은 일은

아름답게 사는 것이었다

맹문재_아름다운 얼굴

Life Maze I 2025.6, 90.9×65cm

제1부

다시는 못 볼 것처럼

풍경 달다

정호승

운주사 와불님을 뵙고
돌아오는 길에
그대 가슴의 처마 끝에
풍경을 달고 돌아왔다
먼데서 바람 불어와
풍경 소리 들리면
보고 싶은 내 마음이
찾아간 줄 알아라

정호승_풍경 달다

와불(臥佛) 일어서다

정호승

　　　　　　인사동 찻집에 들렀을 때였다. 모과차를 시켜놓고 다탁에 놓인 공책을 펼쳐 들자 대뜸 '와불 일어서다'라는 글귀가 눈에 띄었다. 한지로 옛 책처럼 제책된 그 공책엔 차를 마시러 온 사람들이 몇 자씩 글귀를 남겨놓았는데, 공책을 펼치자마자 바로 그 글귀가 눈에 들어온 것이다. '누워 있는 부처가 일어서다니! 와불이 일어서지 않으면 안 되는 상황이란 어떤 것일까? 이 부정의 시대를 사는 우리의 뺨이라도 한 대 속 시원히 후려치고 싶은 심정이었을까?'

　나는 그런 생각을 하며 "와불이란 부처님의 열반상을 의미하는 것인데, 이 와불은 어떤 와불을 의미하는 거지?" 하고 혼잣말로 중얼거렸다.

　그러자 옆에 있던 벗이 말했다.

　"아이구, 아직 화순 운주사(雲住寺)도 안 가봤구나. 운주사 와불 님도 안 찾아가 보고 무슨 시를 쓴다고!"

　약간의 취기 탓이었을까. 벗은 나를 질타했다. 나는 벗의 우정 어린 질타를 말없이 마음속 깊이 간직하면서 이른 시일 내에 운주사에 꼭 한번 가보리라 마음먹었다.
그러나 이태가 지나도록 운주사에는 여전히 가보지 못한 채, 「후회」라는 제목의 시를 쓰다가 느닷없이 이런 구절을 쓰게 되었다.

그대와 운주사에 갔을 때
운주사에 결국 노을이 질 때

왜 나란히 와불 곁에 누워 있지 못했는지
와불 곁에 잠들어 별이 되지 못했는지

막상 이렇게 쓰자 마음이 몹시 불편했다. 운주사에 가보지도 않고 이런 시를 쓴다는 사실이 여간 마음에 걸리지 않았던 것이다. 그래서 운주사에 다녀온 뒤 계속 쓰기로 마음먹고 시 쓰기를 중단해 버렸다.
하지만 운주사에 다녀올 기회는 쉽게 찾아오지 않았다. 직장 일이 바빠 늘 시간에 쫓기는 데다 훌쩍 화순을 향해 떠날 수 있는 마음의 여유가 없었기 때문이다. '운주사 와불이 일어나면 새 세상이 도래한다는데, 내가 와불을 뵙고 기도를 올리면 내 인생도 좀 더 새로워지지 않을까?'하는 마음은 간절했으나 좀처럼 서울을 떠날 수가 없었다.

그러던 어느 날, 지리산 인근에 계신 한 비구니 스님께서 초면임에도 불구하고 "작은 암자를 새로 마련했는데 틈나는 대로 한번 들러 달라"는 전화를 해오셨다. 평소 내 시를 좋아한다는 스님께서 일부러 연락하신 것이라, 단박에 거절하기가 어려워 언제 한번 들르겠다고 약속을 하기는 했지만 역시 좀처럼 틈을 낼 수 없었다.

스님께서는 "왜 오지 않느냐"라고 가끔 전화하셨다. 그런데 하루는 스님께서 말씀 중에 "오늘 화순 운주사에 직접 운전을 해서 다녀왔다"라는 이야기를 하시는 게 아닌가. 나는 그 말씀에 귀가 번쩍 뜨였다. 갑자기 운주사 와불을 찾아가 뵙고 싶다는 마음이 솟구쳤다.

"스님, 제가 스님 암자에 들르면 운주사 와불 구경을 시켜 주실 수 있으세요?"

"그럼요, 내려오기만 하면 얼마든지 구경시켜 줄 수 있어요."

흔쾌한 스님의 말씀에 더 미뤄서는 안 된다는 생각이 들어서 나는 언제 내려가겠다고 덜컥 약속을 해버렸다. 그러자 스님께서 내게 부탁이 하나 있다고 하셨다.

"서울 조계사 인근에 있는 불교용품점에 가서 풍경 두 개를 사서 내려오세요. 가장 좋은 거로요."

나는 그 길로 조계사 인근으로 가 이것저것 소리를 들어 보고 소리가 가장 좋다고 느껴지는 청동 풍경 두 개를 샀다. 그리고 풍경이 든 묵직한 가방을 들고 약속한 날짜에 스님의 암자를 찾았다.

스님께서는 미리 의자와 못과 망치를 준비해 놓고 계셨다. 암자는 산 중턱에 있는 일자형 기와집을 개조한 것으로 가운뎃방에 부처님을 모셔 놓지 않았다면 낡고 평범한 기와집에 불과했을 것 같았다.

스님께서는 풍경을 받아 들자마자 먼저 의자에 올라가 손수 풍경부터 매달려고 하셨다. 그러나 암자의 처마 끝에 풍경을 다는 일은 그리 쉬운 일이 아니었다. 풍경을 매달기 위해서는 수평으로 하는 일반적 못질과는 달리 처마 끝을 향해 수직으로 못질을 해야 해서 여간 어려운 게 아니다.

스님께서는 못질을 하는 둥 마는 둥 하면서, 뒤에서 의자를 잡고 있는 나를 자꾸 돌아보았다. 내가 나서 달라고 하는 무언의 몸짓이었다.

"스님, 내려오세요. 제가 하겠습니다."

스님께서는 그 말을 기다리고 있었다는 듯 얼른 의자에서 내려왔다.

나는 스님 대신 의자 위에 올라가 행여 손가락이라도 찧을까 봐 조심조심 못질을 해서 간신히 풍경을 달았다.

그러자 한순간에 놀라운 일이 벌어졌다. 산등성이를 타고 살며시 바람이 불어오자, 풍경이 울리기 시작했다. 나는 그만 풍경소리에 넋을 빼앗기고 말았다. 의성어로 표현할 수 없을 정도로 맑고 깨끗한 풍경소리가 내 가슴속으로 고요히 스며들었다가 그대로 내 마음이 되는 것 같았다.

"자, 이제 운주사로 떠나야지요."

내가 풍경소리에 계속 넋을 빼앗기고 있자 오히려 스님께서 서둘러 길을 재촉하셨다.

운주사는 첩첩산중에 외따로 숨어 있는 절이 아니었다. 시외버스를 타고 가다가 문득 내려 들른 외할머니 집처럼 한가한 시골길 모퉁이에 있는 절이었다. '영귀산 운주사(靈龜山 雲住寺)'라고 쓴 현판의 일주문을 지나자 높은 석벽 앞에 말없이 서 있는 석불들이 먼저 나를 반겼다. 다소곳이 두 손을 가슴께까지 모으고 서 있는 석불들은 겸손의 극치에서 뿜어져 나온 아름다움으로 한없이 경건해 보였다. 천 년 전부터 간곡히 나를 기다린 한 여인이 있었다면 어쩌면 이런 석불들의 모습이 아니었을까. 처자식을 두고 멀리 객지로 떠나 온갖 고생을 하다가 늙고 병들어서야 돌아온 남편을 따뜻한 미소로써 대해주는 속내 깊은 한 여인의 모습도 거기 있었다.

쉽게 발걸음이 옮겨지지 않아 석불 앞에 오랫동안 서 있다가 천천히 물 위를 걷듯 조심조심 경내로 들어섰다. 그곳엔 말없이 미소를 지으며 마치 성자(聖者)처럼 약간 야윈 듯한 여러 석탑들이 군데군데 서 있었다. 세상의 병들고 지친 자라면 누구나 다 긍휼히 여길 듯한, 어딘가 모르게 기우뚱한 석탑의 자세에서 표현할 수 없는 거룩함이 느껴졌다.

운주사 석탑들은 그동안 내가 보아왔던 기존의 석탑들과는 전혀 달랐다. 커다란 공깃돌을 하나하나 올려놓은 듯한 원구 석탑이 있는가 하면, 마치 호떡 모양 같기도 하고 실을 감는 실패 같기도 한 돌을 올려놓은 원반형 석탑이 있기도 했다. 또 탑신에 새겨진 문양 또한 특이했다. 마름모꼴이나 엑스(X)자가 새겨져 있기도 하고, 네모 모양이나 빗줄기, 혹은 내 천(川)자 같은 기하학적 무늬들도 새겨져 있었다.

나는 석탑 사이를 지나 천천히 왼쪽 산기슭 쪽으로 발걸음을 옮겼다. 그러자 산기슭에 '와불 님 뵈러 가는 길'이라는 나무표지판 하나가 외로이 서 있었는데, 그때까지만 해도 와불에 '님' 자를 붙여 부르리라고는 미처 생각하지 못하고 있었다.

'와불 님!'

마음속으로 가만히 와불 님을 불러보았다. 맞선이라도 보러 가는 청년인 양 공연히 마음이 떨려왔다.

천천히 10여 분 산을 오르자 산 중턱 바위 위에 와불 님이 누워 계셨다. 그저 평범한 석불이 턱을 괴고, 깊은 명상에 잠긴 채 옆으로 길게 누워 있을 줄 알았으나 그게 아니었다. 머리를 산 위쪽으로 둔 채 하늘을 향해 똑바로 누운 형상으로 돋을하게 새겨진 부처님이었다. 그것도 한 분이 아니라 두 분이었다. 나란히 누워 계신 두 분이 마치 '부부불(夫婦佛)'이나 '연인불(戀人佛)'처럼 느껴졌다. 바위의 절반 이상을 차지한 큰 와불 님이 남편 부처님, 나머지 부분의 작은 와불 님이 아내 부처님으로 생각되었다. 아내 와불 님은 두 손을 가슴께 모으고 남편 와불 님의 어깨에 살짝 기대어 있었다.

두 와불 님은 몸 전체 길이가 10미터가 넘고 암반 전체와 한 몸을 이루고 있었다. 따라서 와불 님이 일어나시려면 산등성이 암반과 함께 일어나지 않으면 안 되는 형국이었다. 와불 님이 암반에서 따로 떨어지지 않는 이상 와불 님이 일어나기를 기다린다는 것은 어떤 의미에서 허망한 바람일 수 있었다. 그런데도 오랜 세월 사람들이 와불 님이 일어나기를 간절히 소망해 온 까닭은 무엇일까?

그것은 '허망한 소원에 매달리지 말고, 현실적인 삶에 더 성실하라. 미래에 대한 꿈과 이상은 지니되, 현실에 뿌리를 내리고 긍정적으로 열심히 살아라. 발은 지상에 두고 마음은 밤하늘의 별을 향하라'라는 뜻은 아닐까?

또 아무리 바닥에 넘어지고 나뒹구는 삶을 산다고 하더라도 자기 스스로 일어나지 않으면 결코 일어날 수 없다는 의미는 아닐까? 넘어져 누워 있을 때 타인이 일으켜 세워주길 기다릴 게 아니라 스스로 바닥을 딛고 일어나야 한다는 가르침…

나는 와불 님이 부부불이라는 사실 앞에, 천 년 동안이나 비가 오면 비 맞지 않도록, 눈이 오면 눈 맞지 않도록 서로 감싸주셨을 것이라는 생각에 사랑의 진정성, 그 한없는 깊이와 넓이의 영속성도 느낄 수 있었다. 누구를 진정 사랑해야 한다면 이 부부 와불 님처럼 변함없는 사랑을 해야 한다는 생각에 와불 님 곁을 쉽게 떠날 수 없었다.

와불 님은 몸피가 너무 커서 발치 쪽에서는 그 모습을 제대로 볼 수 없었다. 다행히 머리 쪽에서 아래를 내려다보면 얼굴과 전신이 다 보였다. 와불 님은 무엇보다도 단아한 눈매가 감동적이었다. 마치 불효한 나를 나무라지 않고 그저 인자하게 잔잔히 웃으시기만 하는 내 노모의 눈매 같아서 더 다정해 보였다.

그날 나는 다시 암자로 돌아와 밤을 보냈다. 잠결에 들린 빗소리에 일어나 창을 열자, 비가 내리고 있었다. 신록이 한창일 때에 내리는 봄비치고는 빗줄기가 제법 차갑고 굵었다.

문득 와불 부부님 생각이 났다. 이 빗속에 얼마나 차가우실까. 아마 오늘 밤도 남편 와불 님이 손을 들어 아내 와불 님의 얼굴에 내리는 빗방울을 가려주시거나, 아니면 옆으로 돌아누워 아내 와불 님을 품에 꼭 껴안고 빗물을 막아주실 것이라는 생각이 들었다.

더 이상 잠은 오지 않았다. 비는 그치지 않고 계속 내렸다. 가물거리는 촛불 앞에 앉아 창밖의 빗소리에 귀를 기울이며 생각해 보았다.

'오늘 나는 무엇을 했는가? 산사의 처마 끝에 풍경을 달았지. 오늘 나는 어디 가서 누구를 만나고 왔는가? 운주사에 가서 와불 님을 뵙고 사랑의 본질적 가치를 깨닫고 돌아왔지. 그럼 나는 무엇을 하는 사람인가? 시를 쓰는 사람이지. 그러면 오늘 밤에 비는 오고 잠은 오지 않는데 시를 써라!'

나는 나에게 시를 쓰라고 말하며 종이와 볼펜을 꺼내 들었다. 「풍경 달다」는 그렇게 해서 그날 밤에 단숨에 쓴 시다.

정호승

1950년 하동에서 태어나 대구에서 성장. 1973년 『대한일보』 신춘문예 시 당선으로 작품 활동 시작. 시집으로 『슬픔이 기쁨에게』 외 다수. 소월시문학상 등 수상. 대구에 〈정호승문학관〉이 있음.

Mother Sky 2025.5, 53×40.9cm

눈의 묵시록

송종찬

갈 데까지 간 사랑은 아름답다
잔해가 없다
그 곳이 하늘 끝이라도
사막의 한가운데라도
끝끝내 돌아와
가장 낮은 곳에서 점자처럼 빛난다
눈이 따스한 것은
모든 것을 다 태웠기 때문
눈이 빛나는 것은
모든 것을 다 내려놓았기 때문
촛불을 켜고
눈의 점자를 읽는 밤
눈이 내리는 날에는 연애도

전쟁도 멈춰야 한다
상점도 공장도 문을 닫고
신의 음성에 귀 기울여야 한다
성체를 받듯 두 눈을 감고
혀를 내밀어보면
뼈 속까지 드러나는 과거
갈 데까지 간 사랑은
흔적이 없다

송종찬_눈의 묵시록

자작나무 가지 위에
내리는 눈

송종찬

　　　　　　내가 머물던 모스크바에서는 10월이 시작되자마자 진눈깨비가 날렸다. 갈수록 해는 짧아지고 사람들의 얼굴에는 어떻게 긴 겨울을 날 것인지 걱정하는 눈빛이 역력했다. 북국에서는 여름과 겨울이 있을 뿐 봄가을은 스치듯 지나가고 만다. 겨울이 두려운 것은 추위 때문이 아니었다. 누군가의 부재 때문도 아니었다. 어둠이 짐승처럼 커다랗게 입을 벌린 채 다가오는 듯했다. 답답함을 달래기 위해 집안 가득 조명이나 촛불을 밝혀 놓기도 했다. 조지 윈스턴의 피아노곡을 틀어놓고 어둠을 몰아내려고 애써보았지만 어둠의 수위는 낮아지지 않았다.

　오전 열 시 넘어 동이 트고 네 시가 되면 땅거미가 지기 시작했다. 빛을 보지 못한 날들이 보름 동안이나 이어질 때도 있었다. 안나 아흐마토바의 '태양의 기억이 흐려져간다'는 시구는 저절로 나온 것이 아니었다. 오랫동안 햇볕을 보지 못해 살갗에서 곰팡이가 피어나는 듯했다. 봄이 올 때까지 잘 견뎌낼 수 있을지 걱정이 앞섰다. 강 건너 승마장의 불빛, 철교를 건너는 트램의 헤드라이트, 희미한 별빛에 두 눈이 빠르게 반응했지만 어둠을 이기기에는 턱없이 부족했다.

동지가 지나고 새해가 왔어도 어둠은 물러갈 기세를 보이지 않았다. 어둠이 턱 밑까지 차올라 숨이 막혀 올 때 비로소 어둠을 이길 수 없다는 것을 알았다. 처음부터 어둠과 싸우는 게 아니었다. 살아남기 위해서는 어둠과 친해질 수밖에 없었다. 어둠과 친해지기 위해 등불을 켜지 않고 우두커니 앉아있을 때도 있었다. 어둠의 중심을 한참 동안 보고 있으면 어둠 가운데서 빛이 새어 나왔다. 어둠을 밝히는 것은 빛이 아니라 어둠 그 자체였다. 어둠 속 어딘가에 빛의 요정이 살고 있음이 분명했다.

러시아에서는 어둠을 밝히는 다섯 가지의 하얀 빛이 있었다. 이 다섯 개의 빛이 없었다면 북국의 겨울은 참혹했을 것이다.

가장 먼저 자작나무가 눈에 들어왔다. 자작나무가 보이지 않는 곳이라면 그곳은 러시아 땅이 아니다. 술에 취한 늦은 귀가길, 자작나무가 가장 먼저 달려 나와 반겨주었다. 깊은 밤, 나무줄기에서 하얀 빛이 새어 나왔다. 빛은 뮤즈처럼 날아와 어둠의 속살 깊이 파고 들었다. 혼자 깨어 있는 쓸쓸한 밤, 자작나무는 하소연을 들어주는 다정한 친구나 연인이었다. 하얀 천을 감은 듯한 발레리나, 꿈 속에서 자작나무와 함께 잠 들고 나면 겨울 하늘에 별이 떠오르는 듯했다.

러시아는 여인의 나라다. 똑똑한 남자는 혁명 때, 용감한 남자는 전쟁 때 다 죽어 쓸만한 남자가 없다고 한다. 러시아 여인은 서구적이지만 정서는 다분히 동양적이다. 톨스토이나 도스토에프스키 소설을 보면 한 남자를 위해 순정을 바치는 여인들이 잘 그려져 있다. 귀족 청년들이 짜르의 전제 정치에 맞서 혁명을 일으키다 체포돼 시베리아로 유형을 떠날 때 부인들은 모든 것을 포기하고 남편을 따라 나섰다. 겨울날 샤프카를 쓰고 트램을 기다리거나 꽃을 사들고 퇴근하는 여인을 보고 있으면 생의 기운이 느껴졌다.

투명한 보드카도 빼놓을 수 없다. 러시아 보드카는 담백하다. 무미, 무취, 무색, 러시아 보드카에는 일체의 가식이 들어있지 않다. 헛것들이 판치는 세상에 자기의 전부를 그대로 보여준다. 퇴근 후 냉동고 속에서 얼려진 보드카를 마시다 보면 일주일이 금새 지나갔다. 저기압을 이기기 위해서는 못 마시는 술이라도 필요했다. 기온이 영하 20도 근처를 오락가락할 때, 사는 게 무엇인지 답이 보이지 않을 때, 보드카로 가슴에 불을 질렀다. 보드카를 마신 다음 날은 다시 태어나는 느낌이 들었다.

흰 빛 중에서 백야도 빼놓을 수 없다. 따지고 보면 인생은 공평하다. 겨울밤은 길지만 여름밤은 너무나도 짧다. 동지 무렵 칠흑 같은 어둠 속에서 지난 여름 석양이 물 들던 지평선을 바라보고 있으면 금방이라도 태양이 떠오를 것같은 예감이 들었다. 백야를 배경으로 입을 맞추던 연인들, 백야의 강을 따라 남부로 내려가던 여객선, 잉크를 풀어놓은 듯 푸른 안개에 잠겨있던 강, 모두 겨울의 화폭 위에 옮겨놓고 싶은 장면이었다.

흰 빛 중에서도 가장 돋보이는 것은 순백의 눈이었다. 눈이 없었다면 러시아는저주받은 땅이었을 것이다. 일월이 되면서 눈이 더 자주 내렸다. 성당의 종탑 위에도 전나무 가지 위에도 트램이 지나는 철길 가에도 눈이 쌓였다. 어둠의 세상이 아니라 눈의 세상으로 뒤바뀌고 있었다. 태양의 빛이 없어도 세상은 눈으로 밝게 빛났다. 순결한 빛이 쌓이고 쌓여 견고한 어둠의 성을 무너뜨렸다.

눈이 내리면 나는 털모자를 눌러 쓰고 꽁꽁 얼어붙은 모스크바강으로 나갔다. 눈밭에 누워 얼음장 밑으로 물이 흘러가는지 귀 기울여 보았다. 지난 여름 꽃을 피우던 수국은 겨울잠을 자고 있을까. 움푹 들어간 눈은 침대보다 포근했다. 바람이 들지 않아 따스했다. 이따금 눈을 떠 하늘을 올려다 보면 낮게 깔린 구름을 뚫고 새들이 동에서 서쪽으로 날아가는 모습이 보였다.

발자국 하나 없는 순백의 설원은 커다란 사원이었다. 먼 성당에서 종소리가 들려왔다. 나는 눈밭에 무릎을 꿇고 사랑하는 이들을 위해 두 손을 모았다. 내가 그동안 지은 죄를 용서해달라고 빌었다. 그러다 보면 나도 모르게 뜨거운 눈물이 올라왔다.

성체를 받아들 듯 두 손을 벌려 눈을 받아 혀에 대면 지었던 죄가 눈 녹듯 사라지는 듯했다. 어둠을 사르는 눈발, 죄를 덮어주는 눈발, 멀리서 눈의 입자들이 점자처럼 빛났다. 나도 눈처럼 순결할 수 있을까? 모든 것을 내려놓을 수 있을까? 모든 것을 줄 수 있을까? 그리고 흔적없이 사라질 수 있을까?

눈은 종교였다. 누군가 나에게 신앙을 물어온다면 불이 아니라 눈이라고 대답하리라. 전쟁과 싸움이 끊이지 않는 지구촌, 눈이 내리면 전쟁도 사랑도 공장도 멈추고 다만 신의 음성에 귀 기울여보자.

기후변화로 들끓는 7월의 밤, 백석의 '나와 나타샤와 흰 당나귀' 시를 읽으며 시베리아로 달려가는 꿈을 꾼다.

송종찬

1993년 『시문학』에 「내가 사랑한 겨울나무」 외 9편을 발표하며 작품 활동 시작. 시집으로 『그리운 막차』 『손끝으로 달을 만지다』 『첫눈은 혁명처럼』, 산문집으로 『시베리아를 건너는 밤』 등 다수.

숭어 한 마리

김영춘

열 살 무렵 십리 길 심부름에서
얻어 감춘 숭어 한 마리 있다
바닷물이 거품을 물고 수문을 빠져나가는
저수지의 한 중심
염전 일꾼들의 좁혀오는 그물망을 뚫고
허리를 휘어 허공으로 몸을 날리던
숭어 한 마리
아스라한 수직의 높이에서
순간의 호흡으로 빛나다가
그물망 너머 물결 속으로 사라져갔다
물결 속으로 사라지는 숭어를 보며
나는 다리를 후들거렸다
여시구렁 어두운 산길이 무서워
후들거리던 때와는 달랐다

무섬증과는 전혀 다른 후들거림을
온몸에 품게 한 숭어 한 마리
내 가슴엔 아직도
뙤약볕 아래 물결 속으로 사라지던
그 후들거림이 산다.

김영춘_숭어 한 마리

Love in Yellow 2025.6, 90.9×65cm

내 가슴에는
아직도 후들거림이 산다

김영춘

　　　　　　시간을 거슬러 올라가야겠다. 오래오래 걸어서 고향으로 돌아가야겠다. 시와 함께 가는 길이니 서두르지 말아야지. 어떤 이는 시 삼백 편도 아닌 천 편을 밤이면 밤마다 노래로 만들어 부르고 있다는데. 온갖 게으름을 다 부리다가 심심하면 시나 한 편씩 써내는 내가 서두른 뒤에 남는 시간을 어디에 쓸 것인가.

　이제 나는 나의 어린 시절로 돌아가야겠다. 이미 내 곁을 떠나신 어머니 아버지와 함께 살던 집. 이맘때쯤이면 탱자꽃이 피어나던 울타리. 언덕을 넘으면 아스라이 수평선으로 하루도 빠짐없이 해가 떨어지던 바닷가 마을들. 나무와 풀잎마저도 붉게 물들던 산과 들. 해가 저물 때서야 염전 일을 마치고 지쳐서 돌아오던 내 친구들.

　그리고 또 있지. 불현듯 예고도 없이 불쑥불쑥 기억 속에 나타나서 나와 함께 살아가던 숭어 한 마리. 그 곁으로 돌아가야겠다.

 우리 어머니는 별호가 약탕기셨다. 아파서 누워있는 날이 여러 날이었다. 약탕기를 끼고 약을 끓이며 살 수밖에 없었으니, 사람들이 부안댁이라는 댁호 대신에 그리 부른 것이다. 이 약탕기 어머니가 마흔을 넘어 얻은 아이가 바로 나였으니, 내가 태어날 때부터 허약한 몸으로 살아가야 할 운명은 '따 놓은 당상'이 아니었던가.
 나 또한 아파서 어머니 곁에 누워있는 날이 많았지만 그래도 그럭저럭 목숨은 이어가면서 자라나게 되었다. 아마도 늦은 나이에 허약하게 낳아 놓았으니 무슨 방법을 써서라도 '이 아이를 사람으로 살게 하고 말아야겠다.' 결심한 약탕기 어머니의 일생을 건 지극정성 덕분이었을 것이다.
 몸에 기운이 없다 보니 누워서 지내는 것이 좋았고, 누구와 관계를 맺는 일보다는 혼자서 책 읽는 것이 훨씬 더 편안했다. 이런 형편이 되고 보니 시간과 관계없이 잠드는 날이 많았고 밥맛이 없어서 끼니를 건너뛰는 일도 잦았다.
 이런 나에게 약탕기 어머니가 내린 처방이 여러 가지가

있었는데, 그중 하나가 심부름을 다녀오도록 하는 것이었다. 오고 가는 동안의 운동량도 운동량이지만, 누군가를 만나서 아버지나 어머니의 말을 전하고 그 결과를 알아 오게 하는 것을 중요하게 생각하셨던 것 같다.

예를 든다면, 밀린 품삯을 전달한 후에 얼마 후에 우리 집 일을 다시 와서 해줄 수 있는가를 알아 오는 것과 같은 일들이었다. 어머니는 내가 그런 일을 싫어한다는 걸 잘 알고 계셨고, 또 그런 나를 더 걱정하셨을 것이다. 그래서 나보다 훨씬 적극적이고 똑 부러지는 형이 있었는데도 우리 집의 심부름은 대부분 내 차지였다.

당연히 이런 심부름이 몹시 싫었지만, 간절하게 바라보고 있는 어머니의 눈을 피할 수가 없어서 매번 나는 터덜터덜 집을 나설 수밖에 없었다.

이런 종류의 심부름이란 것은 동네 안팎의 어느 집인가를 다녀오는 일이었으니, 같은 장소를 오고 가는 경우가 많았다. 그중에서도 내가 가기를 가장 꺼려 하는 곳이 있었는데, 그곳은 '여시구렁'이라고 부르는 이웃 동네였다. 길게 산자락이 이어지다가 가파른 언덕길을 내려가야만 했다.

사람들이 부르는 이름처럼 여우(여시)들이 모여 살던 곳이라는데, 여우는 사라지고 사람들이 사는 마을로 변했던 것이었다. 아무리 마음을 다잡으려 해도 모든 결심은 실패로 돌아가곤 했다. 특히 해가 질 무렵에는 걸어가고 있는 나의 뒤쪽에서 무엇인가가 다가와 나의 혼을 뽑아가는 것처럼 느껴졌고, 그냥 보통의 경우에도 어김없이 내 다리는 후들거렸다. 여우에 귀신 생각까지 덧붙여지며 나를 걷잡을 수 없이 흔들어댔다. 기다란 산길과 숲이 만들어 낸 두려움이었다.

이것 말고도 나에게는 영원히 잊을 수 없는, 내 인생을 흔들어 댄 심부름 길이 또 하나 있다. 학교 입학 전이었으니 일곱 살쯤 되었을 것이다. 집으로부터 3킬로미터쯤 떨어진 곳을 다녀와야 했다. 바닷가에 살고 있는 염전 아재 댁이었다. 가고 오고 6킬로미터였으니 나는 이미 가는 중간에 기진맥진이었다. 나락이 익어가는 가을 햇볕이었다.

기운이 남아서 걸어간 것이 아니라 집으로 돌아가야만 했으므로 버티고 걸었다. 어머니를 실망하게 할 수 없다는 자존심으로 마지막 힘을 다 짜내고 있을 때였다. 흐릿한 내 눈앞으로 너른 저수지가 다가왔다. 염전으로 바닷물을 끌어들이기 위한 쓰임새의 저수지였다. 저수지 안의 물이 저수지 입구의 수문을 통해 바다로 빠져나가고 있었다. 십여 명의 사내들이 여러 장의 그물을 마주 들고 저수지의 중심을 향해 줄어드는 물을 헤치며 모여들고 있었다. 그물에 둘러싸인 빈 공간에서 무엇인가가 꿈틀거리며 요동치다가 물 위로 튀어 올랐다. 태어나서 처음 보는 광경이었다. 숭어라고 했다.

 이렇게 거대한 물고기들이 있고 사람처럼 그들끼리 함께 살아가고 있었다니. 숭어들은 물 위를 박차고 튀어 오르다가 떨어지고 또 떨어지고를 반복했고, 그 안에서 염전 아저씨들의 떠들썩한 웃음소리가 울려 퍼졌다. 나는 저수지 둑에 서서 이 모습을 지켜보고 있다가 '이제 아저씨들의 작업이 끝났구나.'하는 생각이 스쳐 가던 중이었다.

 믿을 수 없게도 남은 숭어 한 마리가 물 위를 박차고 다시 튀어 올랐다. 지금까지와는 비교도 할 수 없는 도약이었다. 허공에서 몸을 휘어 그물을 넘었다. 숭어의 몸은 내 눈에서 번쩍 빛났다. 가을 햇볕 아래에서였다. 그물을 뛰어넘은 숭어는 서두르지도 않고 유유히 헤엄을 치며 사라져 갔다. 나는 다리가 후들거리고 어지러웠다. 여시구렁 심부름 길이 무서워 후들거리던 때와는 달랐다.

그 어린 시절로서는 도저히 알 수 없는 몽롱한 무엇인가가 나를 휘감아 왔다. 그때 떠나간 숭어는 가끔 찾아왔는데, 그 후 몇 년이 지난 후에야 나는 내가 아저씨들 편이 아니라 숭어의 편이라는 것을 알게 되었다. 그리고 일흔을 앞에 둔 지금에도 내 가슴속에는 그때의 숭어가 펄떡이고 있다.

김영춘

1957년 전북 고창 출생. 1988년 『실천문학』 복간호로 작품 활동 시작. 시집으로 『바람이 소리를 만나면』 『나비의 사상』 『다정한 것에 대하여』 등 다수.

좋겠다

고운기

저물 무렵
먼 도시의 번호판을 단 시외버스
터미널에서 빠져나간다

가는 동안 밤을 맞더라도
집으로 돌아가는 길이라면 좋겠다

버스에 탄 사람 몇이 먼 도시의 눈빛처럼 보이는데

손님 드문 텅 빈 버스처럼 흐린 눈빛이라도
집으로 돌아가는 길이라면 좋겠다

집에는 옛날의 숟가락이 소담하게
기다리고 있을 것이다.

고운기_좋겠다

제발 뗏목을 타라

고운기

1.

　　　　널리 알려진 '뗏목의 비유'는 『중아함경』 제54에 나온다. 붓다가 기원정사에서 아릿따 비구를 가르치면서 한 말이다.

　뗏목을 만들어 거센 물을 건넜다면, 거센 물길을 건너는 데 뗏목이 유용했다고 해서, 물을 건너간 뒤에 그 뗏목을 어깨에 메거나 머리에 이고 길을 가야 하겠느냐, 붓다는 묻는다. 아릿따는 바로 아니라고 대답한다. 붓다는 다짐하듯 다시 정리하여 말한다.

　"뗏목이 물을 건널 때 아무리 유용했더라도, 일단 물을 건너고 나면 뗏목은 버리고 길을 갈 것이다. 뗏목이란 물을 건널 때는 필요하지만, 물을 건너고 나서는 필요가 없기 때문이다."

　오늘 우리에게는 더 이상의 보충 설명이 필요 없겠지만, 당시 아릿따는 이 말의 진정한 뜻을 깨친 것 같지 않았나 보다. 여기까지 정리하고도 붓다는 마지막 결론을 못 박듯이 말한다.

"내가 가르친 법도 뗏목과 같아서, 강을 건너는 데 필요한 것이지, 강을 건너고 나면 필요한 것이 아니다."

부처를 만나면 부처를 죽이고 조사(祖師)를 만나면 조사를 죽이라는, 임제(臨濟)의 살벌한 가르침은 이 연장선상인지 모른다. 어떤 이는 "나를 얽어매는 것은 무엇이든지 부숴버려라"라는 뜻으로 풀지만, 그 전에 누구에게도 어디에도 기대지 말라는 말로 들린다. 뗏목이 아니라 내 길이 요체(要諦)다.

2.

나는 시인으로 살아왔다. 잘 쓰건 못 쓰건, 널리 알려졌건 그렇지 않건, 내 생애의 가장 큰 자랑이 시인이다. 여러 해 전, 50대 아홉수를 넘기지 못하고 큰 수술을 받았는데, 병실에 찾아온 한 지인이 조심스레 신앙을 물었다. 나는 시인이요, 시를 믿고 시에서 위로와 희망을 얻는다고 대답하였다. 시인은 나의 정체이다.

더러 한 편의 괜찮은 시를 쓰고 나면 그 어떤 소득보다 크고 마음 든든해진다. 아마도 「좋겠다」를 쓰고 난 다음에도 그랬을 것이다.

특히 다음 구절이 먼저 떠올랐다.

"버스를 탄 사람 몇이 먼 도시의 눈빛처럼 보이는데

손님 드문 텅 빈 버스처럼 흐린 눈빛이라도
집으로 돌아가는 길이라면 좋겠다."

직장이 있는 경기도 안산에서 퇴근하여 집으로 오자면, 저물 무렵, 통근버스가 시외버스 터미널 앞을 지나는데, 우연히 터미널에서 나오는 버스와 마주치게 된다. 드문드문 승객이 실루엣처럼 보이는 버스 안의 풍경이 이 시를 쓰게 된 계기였다.

나는, 시인은 신이 깔아놓은 언어의 밭에서 요행히 맥락을 잡아내는 사람이라고 생각한다. 맥락 하나를 잡아냈으니 얼마나 즐거운 일인가. 그것은 내가 시의 신에게 버림받지 않았다는 증표이기도 하다.

그러던 어느 날, 붓다가 가르친 뗏목의 비유를 다시 생각하였다. 시는 뗏목이다. 믿는 시에서 위로와 희망을 얻는다면, 그것은 내가 인생의 강물을 건너는 과정에 유용한 뗏목이다. 시는 뗏목과 같아서, 강을 건너는 데 필요한 것이지, 강을 건너고 나면 버려야 한다. 단연 버려야 할 때가 오리라.

3.
그러다 한용운의 「나룻배와 행인」을 다시 읽었다. 한용운은 이 시에서 뗏목을 '나룻배'로 바꾸어 노래하였다.

"나는 나룻배/당신은 행인//당신은 흙발로 나를 짓밟습니다/나는 당신을 안고 물을 건너갑니다/나는 당신을 안으면 깊으나 얕으나 급한 여울이나 건너갑니다//만일 당신이 아니 오시면/나는 바람을 쐬고 눈비를 맞으며/밤에서 낮까지 당신을 기다리고 있습니다"

붓다의 가르침대로 풀자면, 행인은 누구든 와서 나룻배를 타고 건넌 다음 표연히 떠나니, 강을 건넌 다음 뗏목을 버리는 것과 같다. 싯다르타가 가르친 바를 응용한다. 나룻배 곧 뗏목을 버리기 때문이다. 그런데 한용운은 거기서 그 치지 않았다. 도대체 오지 않는 행인에게 눈을 돌린다. 제발 흙 묻은 발길로 나룻배를 짓밟고 가도 좋으니 오라고 한다. 시의 마지막 구절에, "나는 당신을 기다리면서 날마다 날마다 낡아 갑니다"라고 하지 않는가.

한용운은 뗏목의 비유를 한번 비틀어 이 시를 쓴 것이다. 한용운은 차라리 미련하게 뗏목을 이고 가는 자를 부러워할 태세이다. 아예 찾아오지 않는 것보다 낫기 때문이다.

버리는 게 문제가 아니다. 뗏목을 타러 가야 하는 것이다. 시를 버리는 게 문제가 아니다. 시를 써야 하는 것이다.

고운기

1961년 전남 보성 출생. 1983년 『동아일보』 신춘문예 당선으로 작품 활동 시작. 시집으로 『밀물 드는 가을 저녁 무렵』 『구름의 이동 속도』 『고비에서』 등 다수. 한양대 문화콘텐츠학과 교수.

오리

우대식

오리만 더 걸으면 복사꽃 필 것 같은
좁다란 오솔길이 있고,
한 오리만 더 가면 술누룩 박꽃처럼 피던
향이 박힌 성황당나무 등걸이 보인다
그곳에서 다시 오리,
봄이 거기 서 있을 것이다
오리만 가면 반달처럼 다사로운
무덤이 하나 있고 햇살에 겨운 종다리도
두메 위에 앉았고
오리만 가면
오리만 더 가면
어머니,
찔레꽃처럼 하얗게 서 계실 것이다

우대식_오리

영원을 향한 길,
영원히 끝나지 않을 길 오리五里

우대식

　　　　　　이 시는 등단작이니 개인적으로는 깊은 애정을 가지고 있거니와 결핍의 어린 시절이 고스란히 녹아 있어 가끔 볼 때마다 쓸쓸한 마음이 다시 차오르곤 한다. 내 본적은 강원도 원성군으로 지금은 원주시로 통합된 곳이다. 큰 집을 비롯한 친가는 지금 원주 오크밸리 골프장의 건너편에 있었고, 외가는 원주 시내 시공관 근처였다. 어린 시절 우리 집만 분가하여 서울로 이사를 나왔지만, 방학 때마다 원주를 들락거렸다. 원주 시공관 극장에서 이소룡 영화를 보았고, 시공관 뒤로 붙은 복싱 연습장에서 우광식 선수를 열렬히 응원하기도 하였다. 그는 불운의 헤비급 복싱 선수였다. 원주의 유명한 최약방 뒤에 살던 외할머니댁은 유토피아의 흔적과 같은 곳이었다. 삼촌과 이모들로 북적이던 그 집에서 하나둘 사람들이 떠나고 사라져갔던 기억은 나만의 사진 앨범과 같은 것으로 남아 있다. 이 시는 이러한 정서를 바탕으로 몇 가지 장면을 떠올리게 한다.

장면 1

나의 결핍은 어머니의 부재에 있었다. 어린 시절 이 부재의식을 오롯이 떠맡은 분은 외할머니셨다. 그 연민과 걱정의 눈빛을 어찌 잊을 수 있겠는가? 고등학교를 졸업하고 가정 형편상 직장에 다니다가 다음 해 6월경부터 대입 준비를 하였다. 두어 날 학원에 다니다가 책을 싸 들고 원주 외갓집에서 혼자 공부를 하였다. 늦여름의 하루는 길고 길었다. 더러 보던 책을 엎어 두고, 막내 삼촌이 타던 오토바이를 몰래 타고 멀리 신림까지 다녀오곤 하였다. 어느 초등학교에 들어가 수돗가에서 물을 마시고 교실에서 흘러나오는 풍금 소리를 들었다. 그러면서 언뜻 이 세계란 손에 닿는 구체적인 그 무엇이 아니라 어떤 환영 같은 것이라는데 생각이 미쳤다. 그것이 허무라는 것을 한참의 시간이 지난 후에 알았다. 아마 이때쯤 이 시를 착상한 듯싶다. 오리쯤 되는 거리를 끝없이 걸어야 하는 운명, 궁극의 무엇을 찾아가지만, 여전히 다시 오리를 가야만 하는 결핍이 나를 사로잡고 있었다.

장면 2

　대학에 입학한 후 이리저리 떠돌던 나의 버릇은 여전했다. 원주를 중간 기점으로 정선을 들락거렸다. 아직도 잊히지 않는 역의 이름들. 연당, 연하, 자미원, 별어곡, 나전, 여량, 구절로 이어지는 작은 역들의 거리를 나는 오리(五里)라고 생각했다. 어느 늦봄 임계장을 구경하고 강가에서 텐트를 치고 하루를 잔 날이 있었다. 강가 저 멀리 아지랑이가 피어오르고 누군가 더 가 보자고 손을 흔드는 듯 보였다. 다음날 정선으로 나와 정선 역전에 잇댄 허름한 집에 살던 정선아라리 전수자 김병하 선생을 만나 긴 시간 정선아라리를 들었다. 초등학생이었던 그의 딸과 함께 부르던 노래는 왜 우리의 예술이 한을 바탕으로 하는가를 몸으로 느끼게 해주었다. 어둡던 방안에 켜놓은 알전구처럼 내 인생에서 가장 빛나던 시간 가운데 한 장면이다.

장면 3

　1980년대 말 어느 겨울이었다. 정확하게 12월 23일 구례행 야간열차를 타고 지리산으로 향했다. 새벽에 구례역에서 버스를 타고 화엄사 입구에 도착했을 때도 아직 어둠이 서려 있었는데, 눈길을 짚어가며 노고단으로 향했다. 노고단에 도착했을 때 눈은 온 산하를 뒤덮고 춥다기보다는 오히려 따뜻하다는 느낌을 받았다. 끼니를 간단히 때우고 다시 뱀사골로 향했다. 한겨울 산행이다 보니 사람들의 발길은 뜸했고, 이 길이 맞는 길인지 눈길을 걸어 뱀사골 산장에 도착했을 때 오후 3시 경이었다. 커피를 한 잔 마시고 길을 나서려고 하자 산장지기는 산은 금방 어두워진다며 오늘은 이 산장에서 유하라고 권했다. 하지만 기어이 길을 나섰다. 다시 연하천 산장까지 가는 길에서, 어두워져 길을 잃을 수도 있겠다는 생각이 들었다. 어두워진 길을 헤치고 산장에 도착했을 때 체력이 고갈돼 라면을 하나 끓여 먹고 깊은 잠에 빠졌다. 하루 만에 지리산의 절반을 걸은 셈이다. 그러나 그곳에서 다시 오리를 걸어야 하는 운명이 내 앞에 있었다.

이 장면들이 시 「오리」의 배경인 셈이다. 여기서 "오리"는 공간인 동시에 시간의 개념을 포함한다. "성황당나무 등걸"을 지나 "무덤"을 지나 "어머니"에 이르는 영원에 가까운 시간이 오리이기 때문이다. 여기서 영원이란 끝내 도달할 수 없다는 말이다. 오리를 더 걸어가 만나는 "반달처럼 다사로운 무덤"은 내게는 어머니의 표상이지만, 누구에게나 기억될 만한 죽음과 그 흔적이 있을 터이다. 그러나 봄날이므로 슬픔의 제스처는 없다. 그저 "햇살에 겨운" "종다리"가 "두메"에 앉아 있을 뿐이다. 다시 오리만 가면,

우대식

1965년 강원도 원주 출생. 1999년 『현대시학』으로 작품 활동 시작. 시집으로 『늙은 의자에 앉아 바다를 보다』 『단검』 『설산 국경』 『베두인의 물방울』 등 다수. 숭실대 문예창작과 강사.

Wine Party 2025.4, 53×40.9cm

다시는 못 볼 것처럼

정지윤

하필, 모란이
또 붉게 피었습니다

빗소리 어두운데
미친 듯 흔들리는 잎들

대책은
아직 없습니다

오래 서서 맞는 비

창백한 병실 벽엔
어떤 색을 칠해야만

덩굴 속 숨어버린
기억들이 돌아올까

<u>스스로</u>

그린 벽 속으로

들어가 버린 사람들

아무 표정 없이
축축한 저 건너편

봄비가 내리는데
당신은 오지 않고

나 홀로
피어납니다

다시는 못 볼 것처럼

정지윤_다시는 못 볼 것처럼

다시는 못 볼 것처럼

정지윤

　　　　또 모란이 피었습니다. 누군가는 해마다 이 꽃을 기다렸겠지만 나에게 이 붉음은 이별의 색입니다. 너무 안타까워 차마 오래 볼 수 없는 것들처럼 당신의 마지막 얼굴도 그랬습니다. 피었다는 건 곧 질 준비를 하고 있다는 것. 그렇게 사람도, 사랑도, 우리도 조용히 피고 지고 있었습니다. 비가 오는 날이면, 기억이 더 또렷해집니다. 젖은 잎처럼 흔들리고, 병실 벽처럼 텅 빈 내 마음. 그 안에 당신이 있습니다.

　　세상에는 이유를 설명할 수 없는 이별들이 있고, 다시는 오지 않을 사람을 기다리는 마음도 있습니다. 엄마의 따뜻했던 손, 아무 말 없이 등을 내주던 친구, 고통과 아픔 속에 힘들어하던 이들. 우리는 속수무책 그들을 잃고 그 이후를 살아갑니다. 말없이 사라진 목소리, 끝내 전하지 못한 말들, 기쁨도 슬픔도 함께했던 시간이 이제는 사진 속에서만 미소

짓는 얼굴로 남아 있습니다.

  꽃이 피고 지는 덧없는 날들 속에서 우리는 숨겨진 삶의 빛을 봅니다. 사랑하는 가족, 친구, 연인이 어느 날 내 곁을 떠났을 때 남는 건 고통만이 아니었습니다. 그들과 함께했던 모든 것들이 내가 누구였는지, 어떻게 살아가야 하는지를 조용히 되새기게 했습니다. 이별은 우리를 무너뜨리기도 하지만 동시에 더 깊은 나로 이끕니다. 그들을 향했던 마음과 상처는 단지 아픔으로 끝나지 않고, 다시는 못 볼 것처럼 '지금, 이 순간'을 살아갈 힘을 줍니다.

  삶은 견디는 일입니다. 빚지듯 살아가는 하루, 무거운 현실 속에서 괜찮다는 말조차 꺼내기 어려운 날들을 견디며 살아갑니다. 숨을 깊게 쉬는 일조차 고통이 되는 순간. 그럼에도 우리는 스스로 피어납니다. 살아 있다는 건 결국 사랑했던 사람들을 대신해 이 시간을 견디는 일이기도 합니다. 우리가 흘리는 눈물 속에는 그들의 삶이, 그들의 존재가 남아 있기에, 지금 내가 걷는 이 봄비 속에도 당신이 있기에, 견디고 또 견뎌냅니다.

봄이 잔인하다는 말은 어쩌면 다시는 볼 수 없는 사람들을 떠올리게 하는 계절이기 때문일지도 모르겠습니다. 그러나 잔인함 너머엔 반드시 새로운 피어남이 있습니다. 다시는 못 볼 것처럼 간절히 피어나는 오늘이 있습니다. 사라진 이들의 빈자리에 남겨진 우리 모두의 작은 꽃이 피기를, 이 비가 지나고 나면 우리가 서로의 봄이 될 수 있기를, 모란 곁에서 보이지 않는 손을 잡아봅니다.

정지윤

1964년 경기 용인 출생. 2014년 『창비어린이』 신인문학상에 동시, 2015년 『경상일보』 신춘문예에 시, 2016년 『동아일보』 신춘문예에 시조 당선. 시집으로 『나는 뉴스보다 더 편파적이다』, 시조집으로 『참치캔 의족』 『투명한 바리케이드』, 동시집으로 『어쩌면 정말 새일지도 몰라요』 『전달의 기술』 등 다수.

Face Flower in Green 2025.3, 53×40.9cm

제 2 부

우리가, 같은 주소를 갖고 있구나

봄날은 간다

김선태

꽃은 다투어 피는데
너는 속절없이 지네

어미의 서러운 옷고름 휘날리는 하동포구 칠십 리……

꺼져가는 어린 생명을 업고서
이승의 마지막 꽃구경 가는 길

꽃은 환장하게 흐드러지는데
벌 나비 어지럽게 나는데

아,

너는 꽃을 보고 웃고
나는 너를 안고 우네

김선태_봄날은 간다

봄날은 간다

김선태

       김 씨는 섬진강에서 재첩을 잡아 근근이 생계를 유지하는 어부다. 40대 초반인 그에게는 백혈병에 걸린 10살짜리 딸이 하나 있다. 가난이 지긋지긋했던 그의 아내는 지아비와 어린 딸을 버려둔 채 집을 나간 지 벌써 다섯 해가 지났다. 아비가 재첩잡이를 나간 오막살이 집에는 그믐달 같은 아픈 딸이 늘 홀로 누워있었다. 밤이면 엄마가 보고 싶다고 울며 보챌 때마다 김 씨는 어린 딸을 부둥켜안고 섧게 울었다. 일주일에 한 번씩 읍내에 있는 병원에 나가보지만, 의사는 가망이 없다는 말만 되풀이했다. 살 수 있는 날이 보름도 채 남지 않았으니, 마음의 준비를 하는 게 좋겠다고 했다. 그러나 김 씨는 그런 의사의 말을 믿고 싶지 않았다.

    그런 절망적인 상황 속에서도 겨울이 가고 어김없이 봄은 찾아왔다. 섬진강 변의 아름다운 봄꽃들은 아픈 딸과는 상관없이 전쟁처럼 다투어 피어났다. 구례 산동의 산수유

소대가 제일 먼저 노란 연막탄을 쏘아 올리면, 광양 다압에 집결한 매화 군단의 사격이 일제히 시작됐다. 자욱한 포연을 뚫고 하동포구에서 화개로 진격해 들어가면, 쌍계사 벚꽃 연대가 뭉게구름처럼 하얗게 혼비백산했다. 그리고 나면 지리산 곳곳에서 진달래꽃과 산벚꽃 포대의 파상공세가 시작됐다. 철쭉 군단과의 일전으로 세석평전이 붉은 피로 덮히고서야 봄꽃들의 전쟁은 비로소 끝났다.

  그날따라 방문을 열어둔 채 울타리에 핀 꽃들을 내다보던 딸은 아비가 재첩잡이에서 돌아오자마자 꽃구경을 가자며 재촉했다. 김 씨는 오전 내내 재첩을 잡느라 피곤했지만, 평소 꽃을 유독 좋아하는 딸아이를 위해 기꺼이 꽃구경에 나서기로 했다. 마침, 하동포구에서 쌍계사에 이르는 칠십 리 길에는 벚꽃들이 뭉게구름처럼 만개해 있었다. 김 씨는 딸을 등에 업고 천천히 벚꽃길을 걸어갔다. 유유히 흐르는 섬진강에 윤슬이 반짝였다. 가지마다 늘어지게 핀 벚꽃마다 사방 천지에서 벌나비들이 날아와 잉잉거렸다. 딸아이는 아프다는 사실을 까맣게 잊어버린 것처럼 그저 좋아라 깔깔거렸다. 어쩌면 이것이 이승에서의 마지막 꽃구경일 수도 있다는 사실은 까마득히 모르고 있었다. 김 씨는 천진난만한 딸아이의 모습을 차마 바라볼 수가 없어서 고개를 돌려 몰래 흐느꼈다.

벚꽃 터널로 유명한 쌍계사 가는 길엔 예상대로 상춘객들로 인산인해였다. 부모의 손을 잡고 꽃구경 나온 딸아이 또래의 아이들도 눈에 띄었다. 아내와 함께 건강한 딸아이의 손을 잡고 꽃구경을 나왔더라면 얼마나 행복하고 좋았을까 생각하니 갑자기 서러움이 복받쳐 올랐다. 봄 햇살에 상기된 다른 아이들의 얼굴과는 달리 딸아이의 얼굴은 창백했다. 젊은 연인들이 만개한 벚꽃처럼 웃으며 지나갔다. 미처 피어보지도 못한 채 져야만 하는 딸아이를 바라보니 기어이 울음이 터져 나왔다. 영문도 모른 채 놀라는 딸아이를 황급히 등에 업고 벚꽃 터널을 빠져나왔다.

다시 하동포구 칠십 리 벚꽃길을 걸어서 집으로 돌아올 무렵 해가 저물기 시작했다. 강물 위로 소슬한 바람이 불어오자, 하나둘씩 벚꽃잎이 흩날렸다. 한참을 걸었을까, 피곤이 몰려와 쉬고 싶었다. 김 씨는 오늘 꽃구경이 재미있었냐고 딸아이에게 말을 걸었지만 등 뒤가 조용했다. 꽃구경에 지쳐 잠이 들었나보다 생각하며 딸아이를 풀섶에 내려놓았지만 움직이지 않았다. 불길한 예감이 화살처럼 스쳐 지나갔다. 만져보니 딸아이의 몸은 이미 축 처져 있었다. 김 씨는 그 자리에 털썩 주저앉아 아이의 이름을 부르며 미친 듯이 오열했다. "딸아, 불쌍한 내 딸아, 피어보지도 못한 꽃처럼 너는 꿈꾸듯이 가버렸구나. 그러니까 오늘이 이승의 마지막 꽃구경 날이었구나. 너와 아비가 헤어지는 날이었구나."

김 씨는 다음 날 읍내에 나가 딸아이를 화장한 다음 뼛가루를 단지에 담아 집으로 가져왔다. 다른 곳에 묻거나 뿌리지 않고 집 안에 묻고 싶어서였다. 살아생전 딸이 늘 방문을 열고 바라보던 울타리 옆 살구나무 아래였다. 일부러 알리지 않아 함께 재첩잡이를 하던 동네 사람들 몇만 참석한 조촐한 수목장이었다. 김 씨는 분홍색 꽃이 핀 늙은 살구나무 몸통에 딸아이의 이름을 칼로 새기며 섧게 울었다. 해마다 행화(살구꽃)가 피는 봄이 오면 죽은 딸아이 살아서 돌아오는 것처럼 반갑게 맞이하기 위해서였다. 꽃잎이 작별하듯 하롱하롱 손 흔들며 떨어지는 슬픈 봄날이었다.

김선태

1960년 전남 강진 칠량 출생. 1993년 『광주일보』 신춘문예와 『현대문학』으로 등단. 시집으로 『간이역』 『작은 엽서』 『동백숲에 길을 묻다』 『살구꽃이 돌아왔다』 『그늘의 깊이』 『햇살 택배』 『한 사람이 다녀갔다』 『짧다』 『고조곤히 서러운 마을 이름들』 등 다수. 목포대 국어국문·문예창작학부 교수.

소주병

공광규

술병은 잔에다
자기를 계속 따라주면서
속을 비워간다

빈병은 아무렇게나 버려져
길거리나
쓰레기장에서 굴러다닌다

바람이 세게 불던 밤 나는
문 밖에서
아버지가 흐느끼는 소리를 들었다

나가보니
마루 끝에 쪼그려 앉은
빈 소주병이었다

공광규_소주병

소주병에 대한 단상

공광규

　　　　　　　산울림 김창훈 가수의 〈소주병〉을 듣고 있으면 아버지에 대한 기억이 되살아난다.
　아버지는 일제의 수탈로 가난했던 식민지 국민의 아들로 태어났다.
　1933년이었다.
　해방이 되었으나 5년 뒤 6.25 전쟁을 맞았다.
　결국 폐허가 된 국토에서 많은 아버지들과 함께 절대 가난의 시대를 건너오셨다.
　아버지는 식민지 수탈과 전쟁의 상흔이 남긴 가난과 폭력의 시대에 이웃의 아버지들과 소주병을 붙들고 쉰여섯 해를 버티셨다.
　그리고 이런 아버지 세대의 가난한 그늘에서 자란 우리 세대의 젊은 날 많은 일상에도 소주병이 있었다.

마흔이 안 된 초겨울 어느 날이었다.

나는 어머니가 혼자 사시는 청양 고향집에 내려가다 대천역에 내려 근처 문인들을 불러냈다.

아마 토요일 저녁이었을 것이다.

토요일 오후에 대천에서 보령 인근 선후배 문인들을 불러 술 한잔하고, 시골집에 가서 어머니를 뵙고 하룻밤 잔 뒤, 농사일을 도울 게 있으면 돕다가 일요일 오후 서울행 막차로 올라오는 게 당시 고향행이었다.

지금은 돌아가신 동시 쓰는 안학수 선배를 비롯해, 나중에 스님이 된 청양에서 봉고차를 끌고 온 나와 같은 나이의 석수장이 친구, 그리고 보령 지역의 선후배들이 해변에 모였다.

지금은 이름을 기억할 수 없는 백 모라는 여성이 운영하던 카페에 자주 모여서 술을 마셨었는데, 그날은 일행들이 대천해수욕장에 모였다.

아마 백 모의 카페에서 한잔하고 2차로 해변에 나갔던 것일 수도 있다.

초겨울의 북서풍이 불어오고 있었던가.

해수욕장 모래밭에서는 붉고 파란 포장을 친 포장마차에서 술을 팔고 있었다.

안주는 또렷한 기억이 없지만 바닷가이니 바다에서 나는 생물이었을 것이다.

소주병이 비워지고, 탁자에 올라앉아 있던 소주병은 쓰러지거나 뒹굴어 모래밭에 처박혔다.

그리고 소주병이 우는 소리를 들었다.

아마 포장마차 문을 찢거나 걷어갈 듯 불던 바람이 빈 병 주둥이에 와서 우는 소리였을지도 모른다.

나는 그 소주병의 울음소리를 시로 쓰고 싶었다.

받아쓰기 어려운 소리를 문장으로 표현하고 싶었다.

소주병이 우는 소리를 웅웅으로 써야 하나 붕붕으로 써야 하나.

여러 날 의성어를 고민하던 중 갑자기 아버지가 의성어를 밀어버리고 시 문장에 들어왔다.

아버지는 내가 서른이 되기도 전에 폐암으로 말년을 보냈다.

서울 백병원에서 가망이 없다고 퇴원시켜 시골집으로 내려온 뒤, 암이 가져다주는 통증을 버티며 보냈다.

마루 끝에 쪼그려 앉아 있던 아버지의 모습이 떠올랐다.

그 기억을 시 문장에 그대로 묘사했다.

자식들을 상급학교에 보내지 못해서 울던 모습도 떠올랐다.

아버지는 자신의 한계를 울음으로 터트린 것이다.

한참 후에야 유품을 정리하면서 나는 아버지가 남긴 유서 봉투를 발견했다.

삐뚤빼뚤한 것이 죽음이 가까워 통증을 참으며 쓴 볼펜 글씨였다.

"광규 엄마한테 잘하여라.
아비 살면 너도 못 살고 나도 못 산다."

아버지가 남긴 유서다.

아버지의 마지막 문장이다.

남아있는 논밭 팔아서 아비를 치료하려고 하면 아비도 못 살지만, 남아있는 식구들도 못 산다는 뜻이 담겨있었다.

서울 병원에 오르내리느라 키우던 소 두 마리는 팔았지만, 논밭을 파는 것은 끝내 만류하셨다.

시 「소주병」은 그동안 여느 잡지에서 대표작 몇 편을 보내달라고 할 때 제일 앞에 놓는 시다.

그러니 「소주병」은 내 시의 대표작 중 첫 번째에 속한다.

오래전 공주 갑사에서 충남 시인협회 행사가 있었다.

술자리 맞은편에 앉아 있는 분이 내 앞에서 「소주병」을 낭송했다.

문학을 좋아했으나 집안이 어려워 공부를 못하고 어려서 공장에 나가 자수성가한 분이었다.

당시 우리나라에서 세 번째 꼽는 대기업의 작은 하청업체를 했었는데, 본사 임원과 회식 자리에서 「소주병」을 낭송하자, 그걸 들었던 임원이 일감을 몰아주어 큰 부자가 되었다고 했다.

결국 그분은 나중에 등단도 하고 문학잡지를 인수해 잡지와 시집을 내며 문인들을 만나는 등, 자신의 평생소원이었던 시인이라는 꿈을 이루었다.

시 「소주병」 낭송이 성공의 계기가 되었던 것이다.

아무튼 이 시는 고등학교 문학 교과서에도 올랐다.

다른 시 4편이 중고등 교과서에 오르는 동안 「소주병」은 술이 제재 대상이어서 그럴 가망이 없을 거로 생각했었는데, 어느 눈 높은 편집자의 눈에 든 것이다.

물론 산울림 김창훈 가수의 눈에도 들어 노래로까지 만들어지게 됐다.

공광규

1960년 서울에서 태어나 충남 청양에서 성장. 1986년 『동서문학』으로 작품 활동 시작. 시집으로 『담장을 허물다』 『서사시 금강산』 『서사시 동해』 등 다수.

Peony in Purple 2025.4, 90.9×65cm

저물녘

길상호

노을 사이 잠깐 나타났다 사라지는 역

누군가는 떠나고
또 누군가는 남아 견뎌야 하는 시간

우리 앞엔 아주 짧은 햇빛이 놓여 있었네

바닥에 흩어진 빛들을 긁어모아
당신의 빈 주머니에 넣어주면서

어둠이 스며든 말은 부러 꺼내지 않았네

그저 날개를 쉬러 돌아가는 새들을 따라
먼 곳에 시선이 가 닿았을 때

어디선가 바람이 한 줄 역 안으로 도착했네

당신은 서둘러 올라타느라
아프게 쓰던 이름을 떨어뜨리고

주워 전해줄 틈도 없이 역은 지워졌다네

이름에 묻은 흙을 털어내면서
돌아서야 했던 역, 당신의 저물녘

길상호_저물녘

반쯤 남은 달에 도착하면

길상호

　　　　　잔디는 햇살을 받아 빛났다. 나는 무덤가에 앉은 채 한동안 떠나지 못했다. 바람도 숨을 죽였다. 남은 걸 골고루 나눠 주려는지, 강아지풀 위에도 한 줌 저녁 빛이 돌았다. 역으로 지하철이 들어왔다가 떠났다. 지하철의 뒷모습을 보면서 돌아가신 아버지 이름을 읊조려 보았다. 길, 관 자, 영 자. 그는 이미 떠나간 사람. 강아지풀이 조금 흔들렸을 뿐, 노을은 서쪽 하늘을 곱게 물들였다.

　임종은 지키지 못했다. 눈을 감기 몇 주 전에, 하룻밤 그의 옆에서 잠을 청했을 뿐이다. 잠은 오지 않았다. 그도 마찬가지였을 것이다. 반쯤 썩어가는 창가의 모과를 바라보았다. 모과는 색 바랜 부분을 아래로 감추고 달빛에 혼자 빛나고 있었다. 아버지의 몸에서 흘러나온 것과 섞여, 오묘한 향이 어두운 방을 돌았다. 뒤척이는 소리 말고는 어떤 소리도 나지 않았다. 분명 밤새라도 울었을 텐데 듣지 못했다.

　그의 발은 저녁이면 더 부었다. 당뇨라고 했다. 이미 벌어진 일이니 어쩔 수 없다고, 어렸을 때부터 너무 힘들게 만들어 미안하다고 했다. 처음으로 내게 사과했다. 물론 작고 떨리는 목소리였다. 화장실에 가야 한다고, 부축을 청했다. 아버지의 몸을 안아본 것도 처음이었다. 그를 화장실에 모셔다 놓고, 뒤에 서서 힘없는 오줌발 소리를 들었.

다음 날, 의붓동생은 전해줄 게 있다고 했다. 그러고는 아버지의 접힌 지갑에서 종이 한 장을 꺼냈다. 나의 등단이 그려진 신문지였다. 수시로 그걸 펼쳐 자랑했다며, 자신은 아버지에게 그리 중요한 존재가 아니었다며, 그는 울먹였다. 한 자식에게는 "더는 네 아비가 아녀"라는 말을 전해주더니, 다른 한 자식에게는 "너도 형처럼 해 봐"라는 목소리를 전해준 것이다. 그는 내가 시외버스에 올라타는 내내 말을 아꼈다. 인사를 하고 돌아서는 뒷모습에 힘이 없어 보였다.

초가을, 내려선 역은 4호선 반월이었다. 그곳엔 책과 함께 지내는 사람이 있다. 아버지의 또 다른 핏줄, 의붓동생이 기거하기도 한다. 종종 반월에서 그들을 만났다. 책과 함께하는 사람은 특히 친하게 지냈다. 그를 만나는 날에는 오래 걸었다. 역 뒤편의 염소 떼도 만나고, 숨은 음악을 듣고, 담배를 같이 물기도 했다. 레일을 넘어 다른 차원의 세계에 빠져들었다. 역 근처에서 조금만 벗어나면 아직 개발되지 않은 풍경이 펼쳐졌다.

그날 일정도 역에서 시작되었다. 혼자서 호수까지 다녀왔다. 접하지 못했던 꽃이 눈에 들어왔다. "이거, 이름이 뭐지?" 물어도 바람은 고개를 흔들었다. 늘어진 넝쿨에 다닥다닥 꽃이 매달려 있었다. 나중에 찾아보니 계요등이었다. 닭의 오줌 냄새가 난다고 해서 그렇게 불렀단다. 얼마나 해학적인 이름인지. 꽃에게 처음으로 이름을 건네준 사람의 자세는 참 공손했을 것 같다. 두 무릎을 붙이고 쪼그려 앉아 꽃을 쓰다듬는 이가 보였다. 이름을 붙이고 나서 수줍게 웃는, 그는 허리가 굽었다. 옷에 풀물이 드는 줄도 모르고 상상을 펼치다가 일어섰다. 다시 역을 향해 발을 옮겼다.

남겨진 발자국을 돌아보는데, 무늬가 많이 닮았구나 싶었다. 지그재그 사이에 있던 동그라미, 모든 게 멀어지는데, 점점 다가오는 것도 있었다. 잡생각으로 머리가 꽉 차기 전에 땀을 흘려야 했다. 주변 풍경을 지우며 뛰기 시작했다. 숨이 가빠올 때까지 다리가 고생했다. 역 근처에 다 와 갈 때 속도를 줄였다. 그러자 풍경이 되살아났다.

무덤을 찾은 건 빨갛게 물들기 시작한 잔디 때문이었다. 아버지가 돌아가신 지 얼마 되지 않아서이기도 했다. 염소 무리가 있는 언덕을 지나 역사 쪽으로 발길을 틀었을 때, 잔디는 나를 불러세웠다. 여기 좀 머물다 가라고. 누구의 무덤인지도 모르고 그곳을 향했다. 얼마 남지 않은 온기가 그곳에 머물고 있었다. 웃자라 휘어진 강아지풀을 쓰다듬으며 자리를 잡았다. 저녁이 다 넘어갈 때까지 그렇게 머물렀다.

　사방이 어두워지고 반달이 뜰 무렵 그곳을 벗어났다. 달은 빛을 다독여 만든 무덤처럼 보였다. 거기에서도 누군가의 온기가 느껴졌다. 잔디가 깔려 있을 것 같았다. 별을 이어놓은 레일, 종착역에 달이 우두커니 서 있다는 생각도 했다. 그냥 지하철에 오를 수가 없었다. 소주와 안줏거리를 사와 역 앞 편의점 의자에 자리를 깔았다. 혼자만의 술자리, 오랜만이었다. 붉어진 눈시울의 바람이 한 줄 불어갔다. 소주 한 잔을 넘기는데 나도 모르게 눈물이 나왔다. 바닥에 병뚜껑이 떨어졌다. 그걸 주우면서 아버지의 이름을 다시 불러보았다.

　소주는 점점 식어갔다. 편의점 형광등 불빛을 섞어 흔들어도 온도가 오를 줄 몰랐다. 달 한 번 바라보다가, 소주 한

잔 넘기다가 어느새 옆에 있던 시간이 어깨를 흔들었다. 이제 지하철을 타고 집에 가라 했다. 비틀거리며 플랫폼으로 발을 옮겼다. 땅이 조금 떨리는 울음으로 흔들리더니, 멀리서 기차가 들어왔다.

길상호

1973년 충남 논산 출생. 1990년 『한국일보』 신춘문예로 작품 활동 시작. 시집으로 『오동나무 안에 잠들다』 『왔다갔다 두 개의』, 사진 산문집으로 『한 사람을 건너왔다』, 그림 산문집으로 『겨울 가고 나면 따뜻한 고양이』 등 다수.

Butterfly Dream 2024.12, 53×40.9cm

내 품에, 그대 눈물을

이정록

내 가슴은 편지봉투 같아서
그대가 훅 불면 하얀 속이 다 보이지

방을 얻고 도배를 하고
주인에게 주소를 적어 와서
그 주소로 편지를 보내는 거야
소꿉장난 같은 살림살이를 들이는 사이
우체부 아저씨가 우리를 부르면
봉숭아 씨처럼 달려나가는 거야

우리가, 같은 주소를 갖고 있구나
전자레인지 속 빵봉지처럼
따뜻하게 부풀어 오르는 우리의 사랑

내 가슴은 포도밭 종이봉지야

그대 슬픔마저 알알이 여물 수 있지

그대 눈물의 향을 마시며 나는 바래어가도 좋아

우표를 붙이지 않아도 그대 그늘에 다가갈 수 있는

내 사랑은 포도밭 종이봉지야

그대의 온몸에, 내 기쁨을

주렁주렁 매달고 가을로 갈 거야

긴 장마를 건너 햇살 눈부신 가을이 될 거야

이정록_내 품에, 그대 눈물을

우리가, 같은 주소를 갖고 있구나

이정록

저는 엄마 뱃속에 있어요. 아빠는 시인이고 엄마는 피아노학원 선생님이에요. 「내 품에, 그대 눈물을」이라는 시는 아빠가 지은 거예요. 엄마는 피아노를 치며 이 시를 노래해요. 나는 엄마 뱃속에서 살지만, 엄마 아빠의 신혼방과 꽃무늬 벽지를 잘 알아요. 나는 백일쯤 뒤에 세상에 나가요. 그런데 엄마는 아직도 입덧을 해요. 입덧할 때마다 엄마 뱃속에 있는 내 방은 좁아져요. 천장까지 파도가 일렁여요. 헛구역질할 때마다 엄마는 생선과 오이와 당근을 먹어요. 나는 비린내와 풋내를 가장 좋아해요.

매주 화요일에 한 번씩 우리 동네에 오는 생선 장수는 뻥쟁이예요. 꽁꽁 언 동태를 팔면서 살아 있는 생선을 파는 것처럼 거짓말해요.

"아침 바다에서 올라온 동태가 눈을 깜박깜박!" 앞뒤 안 맞는 말을 열 번도 넘게 해요.

"새벽 동해에서 소풍 온 동태가 꼬리를 살랑살랑!" 방에서 귀를 틀어막고 있는 사람들이 궁금해서 가슴을 칠 때까지 낮은 목소리로 천천히 방송해요. '나무토막처럼 꽁꽁언 동태가 어떻게 눈을 깜박인다는 거야?' '죽은 지 한참이나 된 동태가 어떻게 꼬리를 살랑거린다는 거야?' 궁금해서 슬리퍼를 끌고 나오면, 자기는 동태의 상태를 말한 게 아니라, 동태의 마음을 얘기한 거라고 함박웃음을 지어요. "몸은 얼어 있지만, 얼마나 아가씨 얼굴을 보고 싶어 했다고요? 눈에 핏줄이 섰잖아요."

"아가씨들 다 얼어 죽었나? 내 나이가 일흔다섯이여."

생선 장수 아저씨가 깜짝 놀란 동태처럼 눈을 동그랗게 뜨고 호들갑을 떨어요.

"아이고, 동태 팔다 보니까, 내 눈이 동태 눈깔이 됐네요. 스물다섯 살이라면 몰라도."

일흔다섯 살 할머니가 까르르 웃어요.

"똘망똘망한 총각으로 세 마리 담아요."

"아이고, 요놈! 아가씨 따라가려고 살랑살랑 꼬리 치는 것 좀 보소!"

곁에서 따라 웃던 서른다섯 살 엄마도 배를 쓰다듬으며

말해요.

"저도 초롱초롱한 우등생으로 세 마리만 주세요."

우리 동네 생선 장수는 꽁꽁 언 생선의 마음을 잘 알아요. 꽁꽁 언 마음과 지갑을 잘 풀어요.

"먹물 꽉 찬 오징어도 있어요. 머리에 먹물이 가득 차야 우등생이죠. 해외 유학파 연어도 있어요."

검정 봉지에 생선을 넣을 때, 생선 장수 아저씨의 팔뚝은 얼음을 깨고 나온 생태처럼 빛나요.

우리 아파트 금요 장터에 오는 채소 장수는 꼭 착한 당근이 왔다고 말해요. 착한 오이와 착한 호박이 왔다고 방송해요. 그래서 가격도 착하다고, 느리고 조용하게 볼륨을 조절해요. 화요일에 생선을 싣고 왔던 트럭이에요. 다들 궁금해서 하나둘 천천히 모여들어요. 한결같이 굽고 갈라지고 못생긴 채소들이에요.

"당근이 땅속에서 돌멩이나 나무뿌리를 만나면 자기 몸을 구부려줘요. 그래서 갈라진 거예요. 얼마나 착한 당근이에요."

"아하!" 사람들이 고개를 끄덕여요. 땅속 당근의 마음과 행동을 아는 사람이 없거든요.

"이 오이는 욕심 많은 형과 동생에게 물과 거름을 양보하다가 이렇게 꼬부라진 거예요. 뱃구레가 움푹 파인 것 보이지요?"

"꼬부라진 건 맛이 써." 시골에서 농사짓다 올라오신 광천 할머니가 손사래를 쳐요.

"소금물에 잠깐 담가두면 쓴맛은 없어져요. 식초도 조금 넣고요. 제가 간수 쫙 뺀 소금도 한 됫박 드릴게요." 할머니와 엄마는 부스럭부스럭 소금부터 담아요.

"까칠한 가시 좀 보세요. 거름과 양분을 빼앗기면서도 형제들을 지키겠다고 가시 뿔을 바짝 세우고 있잖아요. 자! 착한 오이 데려가세요!"

"우리 시어머니께서 허리가 꼬부라진 까닭이 있었네. 식구 많은 가난한 집에서 평생 양보만 하신 거였네. 그래서 까칠하셨구나!"

"착한 오이가 착한 시어머니 만나러 갑니다. 자, 착한 당근도 사 가세요."

"우리 집 중학생 아들이 자꾸 뿔로 들이받는 까닭이 있었네. 뿔 많이 난 당근으로 서른 개 주세요. 잘 갈아서 먹여야

겠네."

"우리 집 영감이 툭툭 독한 말을 던지는 까닭이 있었구먼. 평생을 양보만 하고 살다가 속이 소태가 됐구먼. 난 쓰디쓴 오이만 골라서 담아줘요."

우리 마을에는 가시를 다듬어 주고 꼬부라진 마음을 반듯하게 펴주는 채소 장수가 와요. 검정 봉지에 채소를 담을 때, 채소 장수 아저씨의 허리는 굽은 오이를 닮았어요. 쩨쩨하고 옹졸하게 굽어있던 마음을 펴려고 채소 장수를 기다려요. 제 가시에 상처가 난 목덜미를 긁적거리면서 사람들이 천천히 나와요.

내가 세상에 태어나면 홀쭉해진 엄마의 배는 오이처럼 굽어있을지도 몰라요. 나를 꼭 안아주려고 둥글게 굽었다고 생각할게요. 오이 가시에 상처가 날 때도 있을 거예요. 그래도 난 다 이해할 수 있어요. 아빠도 꽁꽁 언 동태가 되어서 집에 올 때가 많을 거예요. 저는 벌써 아빠를 녹여줄 따뜻한 사랑의 말을 알고 있어요.

"엄마 아빠, 사랑해요. 우리는 같은 주소를 갖고 있어요."

엄마 아빠가 결혼한 지 열 달쯤 되었을 때, 신혼방은 장맛비에 잠겼지요. 이삿짐을 옮길 때 보았지요. 세간살이보다 책이 많다는 걸 말이에요. 햇살에 책을 말리면서 엄마 아빠는 말했지요.

"페이지를 넘길 때마다 지느러미 소리가 나요. 책들이 바다로 가고 싶은가 봐요."

아빠가 마른 책을 가슴에 품고 푸른 하늘을 올려다보았지요.

"코를 대봐요. 싱싱한 오이 냄새가 나요. 어린이책에서는 당근 냄새가 나요."

엄마는 오천 원짜리 책이 만 원짜리로 부풀었다고 웃었지요.

"사랑해요. 우리 가족은 모두 생선과 채소를 좋아해요.

엄마 아빠, 사랑해요. 우리는 언제나 같은 주소를 갖고 있어요."

이정록

1964년 충남 홍성 출생. 1993년 『동아일보』 신춘문에 시 당선으로 작품 활동 시작. 시집으로 『그럴 때가 있다』 『동심언어사전』 『눈에 넣어도 아프지 않은 것들의 목록』 『어머니 학교』 『아버지 학교』 『정말』 『의자』, 청소년 시집으로 『반할 수밖에』 『아직 오지 않은 나에게』 『까짓것』 등 다수. 김수영문학상 등 수상. 이야기발명연구소 소장.

Hangang River 2025.1, 53×40.9cm

애절

한영옥

눈썹은 눈썹대로
입술은 입술대로
냉혹하게 짙어오네
이 짙음에 하얗게 시달리네
어디 한 모퉁이
마음 밀어둘 데가 없네
이 짙음 속으로
오래도록 짙어온 사람
견딜 수 없는 이 짙음을
하얗게 견디라 하네.

한영옥_애절

옆에 있는 사람이 그토록 짙어오던,

한영옥

「애절」에는 힘들었던 시간이 고스란히 온축되어 있다. 어둡던 시간을 되돌이키던 중에 그야말로 불쑥 태어난 시다. 태어났다고 말할 수밖에 없다. 어느 순간 강하게 응집된 이미지가 저절로 고여 들었기 때문이다. 그래서인지 신통하기도 하고, 애정이 많이 가는 작품이다. 제7 시집에 수록하면서 제목으로 정할까도 생각했었는데 출판사 측에서 권하는 제안에 따르느라 그렇게 하지는 못했다.

퇴직 후의 마음이 생각보다 후련하진 못했다. 강의실과 연구실이 아른거리며 다시는 돌아갈 수 없는 공간에 대한 안타까움이 세게 밀려들었다. 날아갈 듯한 기분도 분명 없지는 않았다. 그런데도 오랜 익숙함으로부터의 소외가 가슴 그득 쓸쓸하게 밀려들었다. 학교에 대한 꿈을 한동안 꾸었던 것 같다. 조계사에서 경전 강의를 들으며 마음을 넓혀보려 했다. 오래전 마음먹었던 일이기도 해서 향하는 발걸음이 가뿐했으리라. 한 강좌가 끝나고 다음 강좌를 가까운 후배와 같이 수강하면서 기분을 정돈해 가고 있었다. 선지식 해주 스님의 순수하면서도 단호한 표정에 위로를 받으며 알아가는 기쁨도 누렸다. 그렇게 지내던 중에 생각지 않게 남편이 암 진단을 받아왔다. 검사 결과를 보러 갔다가 돌아온 얼굴에 특별한 내색이 없어 안심하고 있었는데, 하루를 지내고서야 암 진단을 받았다고 낮은 목소리를 들려주는 것이었다.

수술 날짜를 예약해 놓고 해주 스님의 강의를 마저 듣던 어느 저녁 집으로 돌아오는 중에 처음 겪어보는 신체의 이상을 느꼈다. 초겨울 비가 한두 방울 떨어지고 있었다. 찻집에서 나와 몇 걸음을 디딘 후였다. 아찔한 떨림이 전신에 퍼지며 기력이 떨어져 가는 것이었다. 감기약에 취했을 때의 증세와 비슷하면서도 아뜩함의 강도는 더했다. 몸과 마음이 다른 세계로 떨어지는 듯한 느낌이었다. 후배의 부축을 받아 택시를 타고 힘겹게 집으로 돌아올 수 있었다. 다음 날일까, 혹은 다다음 날일까, 확실히 기억이 나진 않는다. 결국 응급실 신세를 지게 되었고 진료 수순을 밟아 가던 중에 생각지도 않은 우울증 진단을 받게 되었다. 우울증이란 마음의 감기라고만 생각했는데 그게 아니었다. 몸의 괴로움이 그토록 구체적이었다. 움직이기가 힘들어 그저 눈을 감고 가만히 앉아 있으면 눈물이 줄줄 흐르곤 했다. 병원을 옮겨 다니며 정신과 약을 맞춰가는 동안 많은 괴로움을 겪었다. 그 증상의 맛은 온전히 본인만의 맛이었다. 밖에 나가서 사람들이라도 만나라, 산책이라도 하라는 충고를 많이 들었지만, 전혀 무용한 충고였다. 인내심을 갖고 약의 효력을 기다리는 일이 최선이라고 지금도 생각하고 있다.

수술을 앞두고 함께 장충단 공원을 산책했었다. 2015년이 저물어가던 무렵이었다. 벤치에 앉은 모습을 서로 찍어 준 사진이 남아 있다. 두 사람 모두 밝지 않은 모습이다. 그런데도 그때만 해도 젊었구나, 한탄하게 된다. 벌써 10년 전이니 그럴 수밖에.

남편은 어느 땐가부터 비행기 타기를 싫어했다. 해외여행 대신 승용차로 우리나라 곳곳을 실컷 돌아다니자는 의견을 받아들여 정년을 3년 앞당겨 학교를 나왔다. 꼭 그 이유만은 아니겠지만 조금 미리 황혼을 보살피는 것도 나쁘지 않겠다는 판단이었는데, 뜻밖의 저지선이 그어지고 말았다. 미리 다짐할 건 아무것도 없다고 생각하며 공원을 몇 바퀴 돌았을 것이다. 그때쯤은 승용차도 처분해 버리고 대중교통에 벌써 익숙해지고 있었다.

　남편은 수술을 마치고 침대에 누워 고통스러운 기간을 겪었다. 지켜보며 정신줄을 놓지 않으려 애썼다. 다행히 나의 우울증은 제법 약의 효력이 나타나 나른함을 느끼면서도 간병할 정도는 돼주었다. 퇴원 후 우리는 승용차 여행의 꿈을 접고 대중교통을 이용해 근거리를 오가며 여행 흉내를 내면서 나날에 감사하며 지내게 되었다. 이런 나날 속에서 청탁받은 시편들을 만들곤 했었다. 백지와 연필을 놓아두고 멍하니 앉아 있었던 어느 날 어둑해질 무렵이었다. 단숨에 「애절」의 시상이 떠올라 주었다. 유난히 짙은 눈썹 두 줄과 나이 들어 얄팍해진 가느다란 입술이 허공에 진하게 그려지며 다가드는 것이었다. 옆에 있는 그 사람이 하얗게 짙어지고 있었다. 짙음의 밀도가 흩어지기 전에 글자로 바꾸어갔다. 제목은 완성 뒤에 정했다. 처음엔 '짙음'으로 할까 하다가 '애절'로 정했다. 그런데 정작 옆 사람, 주인공에게 이 시를 보여준 적은 없다. (내 시들을 이해 못 하겠다며 잘 읽어주지 않는 사람이기에 굳이 보여주려 하지 않는 편이다) 애절한 마음은 가끔 꽉 잡아보는 손의 힘, 그것만으로도 충분히 전달될 것이기에 혼자 간직하는 것으로 족했다.

캄캄해지던 마음이 하얗게 변색하며 간절해지던 그 순간에서 비롯된 시가 한 편 더 있다.「저기 두 사람」이란 제목의, 역시 좌르륵 지어진 작품이다. 꺼내어 읽으며「애절」과 화음을 잇대어 본다. 살아가는 중에 멈칫했던 정황, 정황들이 다시 하얗게 짙어 오고 있다.

내게 네가 없을
네게 내가 없을
박꽃처럼 창백할 세월의
깊은 우물을 미리 내려다보며
두레박 내리고 올릴 기운
세수하고 밥은 먹어야 할 기운
조금씩 미리 마련해 두자고
네게 눈짓하면서
내게 다짐하면서
남은 햇살을 서로 끼얹어주면서
앞서거니 뒤서거니
알록알록 늦가을 무늬 바르면서
나무들 품에 들어왔다 나왔다 하면서.

한영옥

1951년 서울 출생. 1973년 『현대시학』으로 등단. 시집으로 『비천한 빠름이여』 『슬픔이 오시겠다는 전갈』 『허리를 굽혔다, 굽혀준 사람들에게』 등 다수. 성신여대 명예교수.

Crown & Diamond 2024.12, 53×40.9cm

묘생 2

이용한

도망칠 것도 없이

이번 생은 망했다

그러니 여기서 망가진 꼬리나 쓰다듬어야지

골목은 저렇게 아프고

아프지 않은 것들은 돌아앉았으니

지붕을 베고 힘껏 잠들어야지

당신이 떠난 봄날에

죽은 듯이 누워서

사랑한다는 문장이나 핥아야지

이용한_묘생 2

시골에서 고양이와 삽니다

이용한

일면식도 없는 사람들에게 "시골에서 고양이와 삽니다"라고 말하면 거개는 "낭만적이시네요"라는 반응이다. 시골과 고양이의 조합이 그들에게 뭔가 평화롭고 낭만적인 전원생활의 이미지를 연상시킨 모양이다. 그러나 엄연한 현실은 행복과 슬픔, 위로와 비난이 뒤엉킨 뒤죽박죽의 '삶'이다. 그런데도 '굳이' 왜 그런 시골살이를 하는 거냐고 묻는다면, 그 모든 눈총과 한숨 속에서도 고양이가 가져다주는 위로와 행복이 훨씬 크기 때문이라고 말하고 싶다. 한마디로 고양이는 나를 견디게 한다. 나를 일으켜 세우고, 나를 책상 앞으로 데려가 무언가를 기획하고 쓰도록 만든다.

고양이와 함께 시골살이를 시작한 지도 어언 16년이 지났다. 처음부터 무슨 뜻한 바가 있어서 시골 생활을 시작한 건 아니었다. 농사를 지을 생각도, 전원을 누리며 자연인처럼 살아볼 생각도 없었다. 살다 보니 밀리고 밀려서 여기까지 밀려났을 뿐이다. 그렇게 밀려난 영역에서 나는 도심의 고양이들과는 다른 묘생을 사는 시골 고양이들을 알게 되었고, 이전과는 전혀 다른 인생을 살게 되었다. 딱히 동병상련도 아니었고, 더더욱 측은지심도 아니었다. 내 옆에 그저 주어진 환경에 충실한 고양이가 살고 있었고, 그런 그들의 삶을 조용히 응원하고 싶었다. 무엇보다 지구에 이런 고양이가 살고 있다고, 아무도 기억해 주지 않는 그들의 삶을 무심하게 기록하고 싶었다.

처음엔 그것이 직업이 될 거라곤 생각도 못 했다. 고양이를 기록하는 사람. 세상에 없던 '고양이 작가'란 수식어도 그렇게 생겨났다. 하지만 고양이 작가보다 나는 사료 배달부란 말을 더 좋아한다. 사료 배달부란 말이 뭔가 더 직관적이고, 고양이 친화적이기 때문이다. 사료를 배달하는 사람. 사실 사료 배달부의 고충은 배달에 있는 것이 아니라 이웃과의 관계에 있다. 더더욱 시골에선 그렇다. 그 좋다는 시골 인심도 고양이 앞에선 통하지 않는다. 한번은 이웃 주민이 찾아와 대놓고 나에게 행패를 부린 적도 있다. 여기서 밥을 주는 바람에 고양이들이 텃밭을 파헤치고 농작물을 망가뜨렸다는 것이다. 나는 고양이에게 밥을 주면 쓰레기봉투도 뜯지 않고, 농작물을 망치는 쥐와 두더지도 잡아주니 오히려 농사에 도움이 되는 거라고 항변했다.

그러나 결과는 비참했다. 어느 날 아침 대문 앞에 고양이가 한 마리 거품을 물고 쓰러져 있었던 것이다. 이후 집으로 밥 먹으러 오던 다른 여러 마리 고양이도 발길이 뚝 끊겼다. 그 무렵 나는 집안의 마당 급식소뿐만 아니라 이웃 마을의 캣맘 두 분에게도 사료 후원을 해오고 있었고, 직접 이 마을 저 마을 돌아다니며 네 군데의 이동급식소까지 운영하고 있었다. 그런데 그중 두 곳의 이동급식소에도 연쇄적으로 쥐약 테러가 일어나 대여섯 마리의 고양이가 무지개다리를 건너고 말았다. 그날 이후 나는 어쩔 수 없이 이동급식소를 폐쇄하고, 고양이를 기록하는 일조차 전면 중단해 버렸다.

내가 다시 사료 배달을 시작한 건 그로부터 2년의 세월이 흐른 뒤였다. 나는 생각했다. 고양이가 있는 한 이런 일은 계속해서 일어날 거고, 이런 일을 벌이는 사람의 마음을 바

꿀 수 없다면 이곳은 영원히 지옥일 거라고. 해서 나는 사태를 일으킨 당사자에게 뇌물에 가까운 선물을 하기로 마음먹었다. 그리고 그 방법은 2년 만에 통했고, 당사자는 텃밭에 그물을 둘러치는 것으로 그간의 잘못을 뉘우쳤다. 문득 돌아보면 암울하고 아득했으나, 언젠가는 통과해야 했을 의례였다는 생각이 든다.

사실 「묘생 2」라는 시는 2년간의 암울했던 시기에 쓴 시다. "골목은 저렇게 아프고/아프지 않은 것들은 돌아앉았으니/지붕을 베고 힘껏 잠들어야"했던 살아남은 고양이들의 마음을 대신한 것이다. 그리고 그건 어쩌지 못하는 내 마음이기도 했다. 마침내 "당신이 떠난 봄날에/죽은 듯이 누워서/사랑한다는 문장이나 핥아야지"라고 되뇌는 것처럼. 묘생은 교묘하게 인생을 닮았고, 인생은 기묘하게 묘생을 닮았다. 우리는 이미 각자의 영역 속으로 너무 깊숙이 들어와 버렸다. 그러므로 고양이는 내게 비유가 아니라 현실이며, 상징이 아니라 실존이다.

이용한

1995년 『실천문학』 신인상으로 작품 활동 시작. 시집으로 『낮에는 낮잠 밤에는 산책』 『안녕, 후두둑 씨』 등 다수. 2009년 『안녕 고양이는 고마웠어요』를 시작으로 2014년 『나만 없어, 인간』까지 15권의 고양이 책 출간.

제 3 부

천년만년 묻어둔 지독한 사랑

첫사랑

정세훈

녀석이 나보다
부잣집 아들이었다는 것도
학업을 많이 쌓았다는 것도
돈을 많이 벌었다는 것도
그 어느 것 하나도 부럽지 않았다

다만, 녀석이
내 끝내 좋아한다는 그 말 한마디
전하지 못한 그녀와
한 쌍이 되었다는 소식이 들려왔을 적

난 그만
녀석이 참으로 부러워
섧게 울어 버렸다

정세훈_첫사랑

첫사랑

정세훈

　　중학교 졸업식을 치른 나는 그다음 날부터 집밖에는 얼씬거리지 않고 안방 건너 작은방에 틀어박혀 있었다. 지난해 가을, 겨울 식량으로 수확해 저장해 놓은 고구마 동가리가 작은 방안을 거의 차지하고 있었다.

　두문불출, 방 안에 틀어박혀 원고지의 칸들을 한 칸 한 칸 채워 나갔다. 서울에 있는 KBS 라디오 방송국에서 공모하는 라디오 드라마 극본을 쓰는 중이었다. 5개월여 동안 밥 먹고 대소변 보는 시간 외엔 원고를 썼다.

　30일 방송 분량이었는데 1일 10분 방송 분량 40매, 도합 원고지 1,200매를 채우고 나니 어언 여름이었다. 당선되리라고 생각하며 쓴 것이 아니다. 그저 원고지를 채웠다는 것에 의미를 두고 싶었다.

　문학에 대한 꿈을 버리기 위한 일종의 의식이었다. 그런 나를 보고 동네 사람들은 쉬쉬하며 머리가 돌았다고 했다.

　그렇게 진학 포기와 함께 문학을 포기해야 한다는 서운

한 마음을 접어 버렸다. 그야말로 학업과 문학, 이 두 가지에 대한 꿈이 실패로 가는 순간이었다.

그해 여름날은 무척이나 무더웠다. 저녁이 되었지만, 여전히 무더위는 꺾이지 않고 기승을 부리고 있었다. 뒤뜰의 매미들도 더위를 먹어서인지 밤나무 가지 위에서 저녁 늦도록 울어댔다.

라디오 극본을 써 본 것으로 학업 중단과 문학 포기에 대한 아쉬운 마음을 정리한 뒤였지만 모든 일에 있어 의기소침해 있었다. 서울로 가기로 했다. 그 누가, 또한 그 어떠한 일이 나를 기다리고 있는 서울이 아니었지만 어떻게 해서든 서울로 가 돈을 벌어야겠다는 생각이었다. 돈을 벌어 병석에 누워있는 어머니의 약값을 대어 드리고, 탄광 광부의 고단한 삶을 살아가고 있는 가난한 아버지의 노고를 조금이라도 덜어 드리고 싶었다. 후덥지근한 방 안에서 그런 잡다한 생각들로 뒹굴고 있는데 밖에서 누이동생이 나를 불렀다.

"오빠! 희자 언니가 나오래. 정자나무 아래에서 기다리고 있어."

희자는 한 살 아래 내 소꿉동무였다. 초등학교에 들어가기 전부터 그녀와 난 소꿉동무로 지내왔다. 그녀는 초등학교를 졸업하고 서울로 올라가 고모네 집에서 서울에 있는 중학교에 다니고 있었다. 중 3학년이 되어 여름방학을 맞아 시골집에 내려온 터였다.

그녀의 집은 동네에서 부유한 집으로 소문이 나 있었다. 그녀의 아버지는 함부로 접근할 수 없다는 생각이 들 정도로 매사에 엄격한 분이었다. 그러나 막내인 그녀에겐 언제나 관대하고 너그러웠다.

그녀는 아주 예뻤다. 상냥하고 명랑하다 못해 그 정도가 지나쳐서 말괄량이였다. 아버지는 그러한 그녀를 보고 버르장머리가 없다고 못마땅해 하셨다.

며칠 전 우연히 서울에서 내려온 그녀를 먼발치서 보았는데 서울 물을 먹어서인지 전보다 훨씬 세련되고 예뻐 보였다. 그런 그녀가 지금 내 누이동생을 시켜 나를 보자고 하는 것이 아닌가.

마음은 벌써 저만치 그녀가 기다리고 있다는 정자나무 아래로 줄달음질쳐 가고 있었다. 가슴은 두근거리다 못해 답답해져 오는데 몸은 그대로 방바닥에 누워 일어설 줄을 모르고 있었다. 내 모습이 초라하게 느껴졌다. 초라한 내 모습을 그녀에게 보이기 싫었다. 그러나 이런 내 심정을 알 바 아닌 그녀는 두 번 세 번 누이동생을 시켜 나를 불러내었다.

두어 달 전에 들어선 교회는 마을에서 5리 정도 떨어진 산모퉁이 외딴곳에 자리 잡고 있었다. 희자와 나는 단둘이서 교회로 향했다. 난생처음 가는 교회였다.

그녀는 서울에서 교회에 다녔다고 했다. 마침, 그날이 주일이어서 주일 저녁 예배에 함께 가자고 나를 불러냈던 것이다. 일 년 만에 다시 보는 그녀는 무척 성숙해 보였다. 외모는 마치 숙녀 같았다. 그러나 나에게 대하는 말투나 행동은 어릴 적 소꿉장난할 때와 조금도 다름이 없었다.

초저녁에 소나기를 한차례 퍼부었던 하늘은 씻은 듯이 개어 있었다. 옥수수밭 건너 동편으로 둥근 보름달이 떠오르고 있었다. 그 보름달에 젖어 소쩍새가 소쩍! 소쩍! 울어댔다. 밤 들길은 소나기를 머금은 풀꽃 향기로 가득했다.

교회로 가는 길에 시냇물이 흘렀다. 시냇물은 초저녁에 퍼부은 소나기로 제법 물이 불어 있었다. 돌다리로 놓은 징검다리들이 물속에 잠겨 있었다.

그녀는 정숙한 옷차림을 하고 있었다. 나는 바지를 무릎까지 걸어 올렸다. 내 등을 그녀의 가슴 앞으로 들이밀었다. 그녀는 기다렸다는 듯이 조금은 장난스럽게 내 등에 찰싹 업히었다. 그녀의 물오른 가슴이 내 등을 뻐근하게 눌러왔다. 나는 빨개진 내 얼굴을 그녀에게 들킬세라 고개를 푹 숙이었다.

그것이 그녀와의 마지막 만남이었다. 그 후로 십여 년 세월이 흐른 후 그녀가 결혼했다는 소식을 전해 들었다. 그녀의 남편은 서울의 부잣집 아들이고 대학원을 졸업했으며, 기업을 운영한다고 했다.

정세훈

1955년 충남 홍성 출생. 1989년 『노동해방문학』으로 작품 활동 시작. 시집으로 『손 하나로 아름다운 당신』 『맑은 하늘을 보면』 『부평 4공단 여공』 『몸의 중심』 『동면』 『고요한 노동』 등이, 동시집으로 『공단마을 아이들』 『살고 싶은 우리 집』, 장편소설로 『훈이 엉아』, 산문집으로 『파지에 시를 쓰다』, 『내 모든 아픈 이웃들』 등 다수. 노동문학관 관장.

봉숭아

도종환

우리가 저문 여름 뜨락에
엷은 꽃잎으로 만났다가
네가 내 살 속에 내가 네 꽃잎 속에
서로 붉게 몸을 섞었다는 이유만으로
열에 열 손가락 핏물이 들어
네가 만지고 간 가슴마다
열에 열 손가락 핏물 자국이 박혀
사랑아 너는 이리 오래 지워지지 않는 것이냐
그리움도 손끝마다 핏물이 배어
사랑아 너는 아리고 아린 상처로 남아 있는 것이냐

도종환_봉숭아

봉숭아와 꽃잎 인연

도종환

철쭉꽃이 진다. 흐드러지게 피었던 꽃이 힘없이 주저앉는다. 화사하던 빛깔은 퇴색하고 반짝이던 꽃잎은 탄력을 잃었다. 무리 지어 핀 철쭉꽃의 아름다움에 감탄하던 사람들은 보이지 않는다. 지는 꽃에 눈길 주는 이들은 없다. 인연도 그렇다. 그걸 '꽃잎 인연'이라 한다. 아침 햇살에 아름답던 것들, 저녁 햇살에 그늘진다. 내 곁에 피어 아름답던 것들은 잠깐. 잠깐의 찬란하던 시간은 순식간에 사라지고 지는 꽃처럼 스러지는 인연이 있다. 철쭉이 지면 장미가 핀다. 엷은 겨자색 장미 잎이 올라온다. 겨자색은 천천히 연한 녹색으로 바뀌고, 그 녹색 이파리 사이로 붉은 장미가 핀다. 그러면 인연은 다시 장미로 옮겨 간다.

그런 시간을 지켜보던 여름날. 사람들은 울타리 옆에 심은 봉숭아 잎을 따서 손톱에 물들였다. 그냥 두면 봉숭아 잎도 봄과 여름에 피었던 다른 꽃들처럼 시들어 떨어지고 가

뭇없이 사라진다. 그 잎을 따서 손에 들고, 꽃잎이 사라지기 전에 '꽃잎 인연'이 조금 더 오래 가길 바란 사람이 있었으리라. 꽃잎을 곱게 찧어서 봉숭아 잎에 싸고, 손가락 끝에 감아 놓으면 손톱에 물이 든다는 걸 안 사람이 시작했으리라. 그리고 그 봉숭아 꽃물이 내 마음속 아직 살아 있는 그리움이라는 걸, 조그만 소리로 일러주었으리라. 기다리면 온다는 약속이라고 일러준 이가 있었으리라. 많은 이들이 그 말을 믿고 뜨락에 앉아 봉숭아 꽃물을 들이던 날이 있었다.

잘 찧은 봉숭아 꽃잎에 백반을 약간 섞고 초록색 봉숭아 잎으로 싸서 곱게 묶은 뒤에 자고 나면 손가락마다 고운 물이 든다. 요즘은 봉숭아 잎 대신 거즈나 비닐로 싸기도 하는데 자고 난 뒤에 물로 살살 닦아내면 손가락 끝에 물들었던 꽃빛은 지워지고 손톱에 물든 주황빛은 남는다. 꽤 오래 간다. 찬 바람 불 때까지 가기도 한다. 사람들은 사랑도 그렇게 열 손가락마다 꽃물이 든 것처럼 오래 가기를 바라면서 손끝에 물든 봉숭아 꽃 빛깔을 바라보았다. 내가 사랑하는 그 사람도 나를 생각해 주길 바라면서 그때마다 손톱을 보았다. 봉숭아 꽃물이 첫눈 올 때까지 남아있으면 첫사랑이 이루어진다고 했지만, 그러나 그 사랑 "아리고 아린 상처"로 남는 경우가 많다. 봉숭아 꽃물을 들이기 위해 짓이긴 꽃으로 감쌌던 매듭을 풀고 난 손가락은 핏물 든 손가락 같다. 나는 그 손가락을 보며 그리움으로 핏물이 든 손가락이란 생각을 했다. 그리움이 핏물이 되는 사랑도 있기 때문이었다.

꽃잎 인연이 되어 흩어지고 만 사랑을 생각하며 이 시 「봉숭아」를 썼다. 오래 지워지지 않는 그리움도 있고 아리고 아린 상처로 남아있는 사랑도 있다. 그런 사람들 가슴에 다가가면 좋겠다고 생각했다.

이 시를 가수 김창훈 님이 노래로 만들었다. 참 고맙다. 이 시뿐만 아니라 1,000편이나 되는 시를 노래로 만들었다. 본래 "시는 노래의 마음이며 노래는 시의 몸"이라고 한다. 시와 노래의 관계는 몸과 마음의 관계와 같다. 마음 없는 몸은 빈 몸이고, 몸 없는 마음은 공허하다. 시와 노래가 만나는 건 몸과 마음이 하나 되는 것과 같다. 『서경』에서는 "시언지 가영언(詩言志 歌永言)"이라 했다. "시는 마음속에 품은 뜻을 말하는 것이고, 노래는 뜻이 담긴 그 말, 그 시를 길게 읊조리는 것"이라는 말이다. 그러면서 "음률은 소리와 조화를 이루어야 하며 신과 사람도 이로써 조화를 이룰 것"이라고 했다. 시와 노래가 조화를 이루면 신과 사람도 조화를 이루게 된다는 것이다.

김창훈 님은 봉숭아를 잔잔하게 노래한다. 봉숭아라는 시가 보여주는 서정을 잔잔하게 담아내야 한다고 생각한 것 같다. 잔잔함으로 이끌어가다 음이 높아지는 부분은 "핏물이 배어"이다. 이 부분을 강조하고 싶었던 것 같다. 그리고 여러 차례 반복되는 부분이 "사랑아 너는 아리고 아린 상처로 남아있는 것이냐" 이 대목이다. 내가 시를 쓰면서 강조하고 싶었던 부분을 잘 찾아내서 노래로 만들었다는 생각이 든다. 간주 중에 허밍으로 노래하는 부분에서 노래를 듣는 내 마음이 아려오는 걸 경험했다. 노래로 시를 쓴 시인의 마음을 움직였으니 다른 이들의 마음도 움직이는 노래가 되기를 기대한다. 노래는 시보다 훨씬 영향력이 크다. 시보다 더 직접적으로 사람들의 가슴 속을 파고든다. 부디 아름다운 영향을 주는 가객으로 오래오래 노래하시길 바란다.

도종환

충북 청주 출생. 시집으로 『접시꽃 당신』 『부드러운 직선』 『해인으로 가는 길』 『세시에서 다섯시 사이』 『사월바다』 『정오에서 가장 먼 시간』 등 다수. 정지용문학상, 백석문학상 등 수상.

너의 연인이 되기 위해

신달자

네가 누군지 잘 모르지만
너의 연인이 되기 위해
오늘 나는 꽃 이름 하나를 더 왼다.
달빛 잠기는 강을 바라보며
아름다운 시구를 욀때
내 눈은 더 깊어지고 그 만큼
세상을 더 안아들이면
너는 성큼 내 앞에 다가서게 될까?

네가 누군지 잘 모르지만
너의 연인이 되기 위해
오늘 나는 별 이름 하나를 더 왼다.
바람부는 숲에서 새소리를 들으며
내가 마음으로 노래 부르면
내 발 앞에 꿈꾸던 낙원이 열리고

그만큼 평화로운 세상 안아들이면
너는 성큼 내 앞에 다가서게 될까?

신달자_너의 연인이 되기 위해

'너'라는 대상을 향하여

신달자

'너의 연인이 되기 위해 꽃 이름 하나를 왼다.
너의 연인이 되기 위해 별 이름 하나를 더 왼다.'

이 시를 언제 썼는지 정확하게 알 수는 없지만, '나'를 견딜 수 없을 때, 이기지 못할 때 쓴 시가 아닌가 생각한다.
우리가 하나로 만난다는 것은 무지(無知)를 넘어서야 한다. 희생도 헌신도 다 배움에서, 느낌에서 오는 것이라 상대를 행복하게 하기 위해선 꽃과 별과 자연을, 사람을 다 알아야 한다.
우리가 꽃 이름 하나 외우는 것, 별 이름 하나 외우는 것도 사랑하는 사람을 더 기쁘게 하기 위한 노력일 것이다.
누구에게나 나 외에 많은 사물과 사람이 있다. 우리는 그들을 모두 사랑하므로 그들을 불러야 한다. 무엇이라고 부를까. 물론 모든 사람과 사물에는 이름이 있지만, 더 넓게 혹은 함축적으로 그 모두를 너라고 부르려 한다.

연인과 친구를 무엇이라고 부를까. 가족과 이웃과 동료를 무엇이라고 부를까. 나는 그 이름을 너라고 부른다. 그렇다면 집과 산과 바다를 무엇이라고 부를까. 들과 언덕과 숲을 무엇이라고 부를까. 호수를? 골목길을? 아슴하게 보이는 한강의 야경을? 처음엔 보잘것없이 보이다가 서서히 그 진실의 눈부심을 알게 되는 사람이나 물건에 대해? 산자락에 쏟아 부어 버리듯 피어있는 산수유의 노오란 희망을? 목련의 흰빛 그리고 모란의 신비스런 분홍빛… 먼 산 위에 간지러운 연한 연둣빛 그리고 붉은 분홍빛들… 산과 들에 깨어나는 살아 있는 빛깔들… 나는 그 모든 자연을 너라고 부른다. 너 안에는 우주가 들어 있다.

봄 여름 가을 겨울의 계절, 그리고 그 계절 안에 생명을 이어가는 동물과 곤충과 빌레의 작은 생명까지도 말이다.

가슴 떨리는 새잎을, 풍성한 여름 검푸른 녹음을, 세상이 절반은 익은 듯 붉은 가을을, 그리고 더 이상 바라볼 수 없다는 듯 더러운 오염을 덮어 주는 흰 눈발들, 그것도 너라고 부른다. 그뿐이겠는가, 학교와 사회와 국가는 또 무엇이라고 부르면 좋겠는가. 직장과 그리고 나와 관계있는 도시와, 언젠가 반드시 가 보고 싶은 내가 꿈꾸는 도시를 또한 무엇이라고 부를까. 마음에 들지 않는 사람들, 그리고 풍경이 비슷한 사람들도 모두 다 그 너 안에 존재한다.

그리고 그 모든 세계는 무엇이라고 할까. 그렇다. 그 모든 것을 나는 너라고 부른다. 세상에는 나와 너밖에 없다. 나는 오로지 하나지만 내가 만나는 모든 대상은 우주 안의 모든 것을 함축하여 하나로 너라고 부른다. 풀 한 포기, 빌딩 하나, 사탕 하나, 신발 한 켤레, 극장 하나, 영화 한 편, 그리고 책 한 권도, 그리고 미국도 중국도 일본도 세계도 모두 너다.

내가 받은 한 통의 편지, 내가 쓴 엽서 한 장, 이미 그 관계가 아득해 보이는 어떤 풍경… 중요한 것은 내가 도달하려는 목적지, 내가 사랑하고 싶은 사람 하나, 내가 업으로 생각하는 일도 한마디로 너다.

그뿐이겠는가, 우리들 마음속 그 거대한 세계도 결국은 너에 속한다. 만약 나라는 존재가 현실이라면 이 너라는 존재 역시 현실인 것이다. 그것도 아주 막강한 현실이다. 우리는 이런 현실 속 너를 가지고 있다. 우리가 얼마나 부자인 것을 알 것이다.

저 푸른 하늘, 바람, 비, 태양, 달, 구름, 허공을 나는 새한 마리, 그것도 우리의 것이 아니던가. 가 본 적이 있는지. 공원이라는 곳, 국립공원, 동네 공원, 그리고 어디든 펼쳐있는 길, 길, 길… 그 모두 우리의 것이며 바로 너다. 그것들은 모두 우리에게 무상으로 주어진 것이다. 아니 받은 것이다. 나 하나가 존재하므로 얻어진 것은 거의 무한량이다. 그러므로 이 세상에 너가 존재하므로 나를 바라보는 힘이 솟구친다는 것을 나는 안다.

내가 너를 앞에 두고 두려운 적은 없는가. 외로운 적은 없는가. 하염없이 마음이 어두워지고 붙잡을 것이 없이 흔들리고 삐걱 넘어질 것 같고 한없이 손을 뻗어 무엇인가를, 너를 잡고 싶을 때, 000를 부르고 싶지는 않은지. 혹 그것이 사람이 아니라 종교적인 어떤 절대자는 아닐까? 바로 너라고 부르고 싶은 저 신비의 존재…

문득 '외롭다'라는 너무 평범하고 흔한 이 말을 기억한다. 봄꽃처럼 이 말도 피어나는 것인가. 사람들은 "신 선생이 왜?"라고 묻는다. 언젠가 김남조 선생님이 아침에, 그것도 10시쯤에 전화를 하셔서 아주 낮은 목소리로 "달자 외롭지?"라고 묻는다.

강의가 있어서 준비에 바쁜데 무슨 외로움? 하고 생각했었다. 그러나 나는 금방 알아버렸다. 나의 외로움을 묻는 게 아니다. 자신이 외롭다는 마음의 질문을 나에게 하고 있는 것이다. 나는 천천히 답한다.

"선생님… 선생님이 외로운데 안 외로운 사람이 있을까요?"

나의 대답은 잘못이었다. 하느님도 외로울 때가 있을 것이다. 김남조 선생님과 아마도 60년 넘게 함께 살아오면서 왜 그런 어리석은 답을 했을까? 선생님은 대접만 받는 사람이라고 내 안의 안쪽이 그렇게 생각하고 있었을 것이다. 나는 틀렸다.

외로움은 누구도 제외되지 않는다. 나는 더 따뜻한 말로 긍정의 답을 드려야 했을 것이다.

세상은 어지럽고 거칠다. 더욱 우리나라의 현실은 막막하기만 하다. 그러나 어쩌겠는가. 이 현실도 바로 너다. 나 자신이 품어야 하고 더불어 살아가야 할 대상인 것이다.

이 작은 나라에서 세계 제일이라는 많은 분야의 특정한

사람들이 많다. 우리나라가 가진 소중한 자산들이다. 국가는 우리 개인의 집이다. 집이 편안해야 내가 몰두할 일에 집중할 수 있다.

텔레비전을 켜면 먹는 것과 다투는 일이 거의 전부다. 우울하고 쓸쓸하다. 그래도 나는 대한민국의 국민을 믿는다. 이 위기를 반드시 극복하고 평화로운 나라를 만들고야 말 것이다. 믿는다, 라고 크게 외치고 싶을 정도다. 우리 국민성은 결코 슬픔에 깔려 죽는 것이 아니라 슬픔을 딛고 일어서는 담대한 국민이 아니던가. 우리의 역사는 헌신하고 지혜를 발동하는 피를 가지고 있다. 늠름하여 자랑스럽다.

너는 바로 나인 것이다. 국가와 자연과 생명체는 '하나'라는 생각을 나는 지금 하고 있다. 사랑은 노력과 꾸준한 실천과 헌신이 필요하다.

신달자

1943년 경남 거창 출생. 1964년 『여상』 여류 신인문학상 당선, 1972년 『현대문학』으로 재등단. 시집으로 『전쟁과 평화가 있는 내 부엌』 『간절함』 『열애』 『북촌』 『오래 말하는 사이』 등 다수. 대산문학상 등 수상.

Life Maze II 2025.6, 90.9×65cm

비밀

강민숙

햇살 하나 꺾어
활시위에
걸어두었습니다.

그대 가슴
향해
몰래 당기기 위해
화살 하나
감추어두었습니다.

강민숙_비밀

천년만년 묻어둔 지독한 사랑

강민숙

「비밀」은 천년만년 이어질 사랑, 어쩌면 이승에서 끝내 펼쳐내지 못할지도 모르는 '지독한 사랑의 노래'가 아닐까 합니다.

먼저, 나의 제2시집 「그대 바다에 섬으로 떠서」에 수록된 시 「석류」를 살펴보려고 합니다. 「비밀」과 같은 주제의 사랑과 기다림의 시이기 때문입니다.

석류가 무르익으면 마치 하얀 속을 드러내듯, 속에 들었던 맑고 투명한 사랑의 보석이 드러납니다. 이를 저는 "수줍음 가득/입안에 물고/남몰래/속만 태우다/끝내 터져버린 가슴"이라고 표현했습니다. 아무도 모르게 감춰뒀던 그리움과 사랑이 마침내 환하게 드러나는 모습으로 형상화했습니다. 그런데 그 사랑은 가슴 깊이 묻어둔 안타까운 것이어서 언제 꽃피게 될지 모르는, 기약 없이 기다리는 비밀스러운 것입니다.

일찍이 이해인 시인도 본인의 두 번째 시집 추천사에서 오랜 사랑과 그리움을 한데 묶었다고 말했습니다.

그대 사랑/내 안에 그리움 되어/가는 길목마다/산처럼 길을 막고/서 있습니다/산을 돌아/물을 건너도/내 그리움은 (…) 그대 사랑/너무나 깊고 푸르러/날마다 산을 헤매는/내 한 마리/눈먼 산 짐승이 되고 말았습니다. (졸시 「산을 헤매는 그리움」)

"그대 사랑"은 지울 수 없는 높이로 서 있고, 너무나 깊고 푸르러서 '지울 수 없는 높이'라고 했습니다. 그것은 시인이 잊으려고 해도 도저히 잊을 수 없는 그리움을 의미하고 있습니다. 잠깐 불붙었다가 쉬 꺼지는 사랑, 만났다가 미련도 없이 헤어지는 사랑이라면 그리울 틈도 없이 쉽게 지울 수 있겠지만, 그런 가벼운 사랑이 아니라 산과 같이 높은 사랑입니다. 그러므로 그리움은 내가 가는 길목마다 막고 서 있으며, 어디를 가도, 어떠한 상황에도 나는 "그대 사랑"으로부터 자유롭지 못합니다. 그대의 사랑은 높을 뿐 아니라 깊고 푸르러 나는 깊은 수렁 속에서 "눈먼 산짐승"이 되어 헤매게 됩니다. 그러니 그 헤맴이 언제 끝날지 알 수 없습니다. 아마 헤맴은 그리움처럼 천년만년 이어질 수 있습니다.
  우리가 이 시를 눈여겨보는 이유는 사랑과 그리움을 감정의 절제를 통해 구현해 내고 있기 때문일 겁니다.

"햇살 하나 꺾어/활시위에/(몰래) 걸어둔"은 비밀스럽게 감춰둔 사랑을 뜻합니다. 사랑을 몰래 감춰둔 이유는 언젠가 때가 되면 "그대 가슴/향해/당기기 위해서"입니다. 과녁인 "그대 가슴"에 다가가기 위해서입니다.
  그러나 그대 가슴을 향해 쏠 날에 대한 기약도 없는, 영원을 향한 "화살 하나"입니다.

  이렇게 사랑이란 남몰래 그리워하면서 가슴 깊이 감춰뒀을 때, 그것이 보석만큼이나 아름다운 사랑이 아닌가 싶습니다.
  어쩌면 천년만년의 사랑이어서, 가슴에 간직한 화살은 백학의 날개에 얹혀서 저 우주로 향하는 신비하고 환상적인 것이 아닐까요.

이번에 시 「비밀」이 아름다운 선율로 발표되었습니다. 부디 천년만년 이어질 환상의 가락으로, 우주로 향했으면 좋겠습니다.

강민숙

전북 부안 출생. 시집으로 『노을 속에 당신을 묻고』『그대 바다에 섬으로 떠서』『꽃은 바람을 탓하지 않는다』『둥지는 없다』『채석강을 읽다』『녹두꽃은 지지 않는다』『강민숙의 시가 꽃피는 아침』『소년공 재명이가 부르는 노래』 등 다수. 한국민족예술단체총연합 대변인 · 한국작가회 이사 역임. 아이클라 문예창작원 원장.

Woman in Blue 2025.6, 90.9×65cm

사랑의 자세

변종태

최대한 몸을 낮출 것

숨을 멈출 것

셔터에 손을 올릴 때

떨지 말 것

변종태_사랑의 자세

가슴이 셔터를 누를 때

변종태

　　사람에게는 쉽게 말할 수 없는 감정들이 있다. 한 사람을 향해 천천히 다가가는 마음, 그 길목마다 스며드는 떨림과 망설임이 있다. 그 떨림은 말로 풀어낼 수 없는 감정들이다. 감정을 진심으로 전하기는 어렵다. 때로는 지나치게 솔직하게 표현하려는 욕망이 불안으로 다가오고, 때로는 말하지 않으려는 마음이 더 큰 갈망으로 바뀐다. 처음 마음을 열 때마다 이러한 감정들이 얽혀 있으며, 그 복잡함을 풀어내기 위해 시를 쓴다. 시는 말이 되지 않는 것들을 다루며, 표현할 수 없는 감정들을 대신한다. 사람은 마음을 드러내려고 하면서도 그것을 전하기 어려워한다. 감정을 쌓은 시간 속에서만 진심을 다할 수 있음을 알게 된다.

　　처음 관계를 시작할 때, 모든 것이 새롭고 설렘으로 가득 차 있다. 상대의 말이나 행동이 내 마음을 흔든다. 마음이 움직이면 세상 모든 것이 다르게 보인다. 그런 변화를 표현하는 것은 쉽지 않다. 감정들이 얽히고, 그 얽힘을 하나로

묶어 표현하고 싶지만, 말로 다 풀어내는 데에는 한계가 있다. 그래서 시는 그 감정들을 풀어내는 방법이 된다. 감정을 직접적으로 말하지 않고도 그 기분을 전할 수 있다. 시는 감동적인 떨림을 담고, 그 떨림 자체로 무엇을 전달하는 방식이 된다.

시대가 변하며 감정을 표현하는 방식도 달라졌다. 과거에는 서로를 알아가는 데 시간이 걸렸다. 서로를 천천히 바라보며, 한 걸음씩 다가가는 시간이 필요했다. 그 시간 속에서 사람들은 마음을 열고 관계를 이어갔다. 반면 지금은 감정을 더 빠르게 전할 수 있다. SNS나 메시지를 통해 즉각적인 반응을 얻을 수 있고, 만남은 빠르게 이루어진다. 그러나 속도가 다르다고 해서 그 감정이 덜 진지한 것은 아니다. 세월이 빠르게 지나가도, 마음을 열 때의 떨림은 변하지 않는다. 중요한 것은 그 마음을 어떻게 담아내느냐이다. 그 마음을 전하는 방식은 시 속에 담긴다.

감정을 표현하는 방법은 여러 가지가 있다. 어떤 이들은 고백으로 그 마음을 전할 수 있지만, 말없이도 감정을 전할 수 있다. 시는 그 말을 대신하는 존재가 된다. 시는 소리 없이 울리는 감정의 울림을 담아낼 수 있다. 시인은 아무 말없이 마음을 들여다보며, 그 속에서 기쁨이나 고백이 아닌, 단순한 떨림을 찾아낸다. 때로 그 떨림은 드러나지 않지만, 독자는 그 숨겨진 감정을 읽어낼 수 있다. 말로 표현할 수 없는 감정들은 시의 여백 속에 담겨 있다. 여백을 통해서 감동이 전달되며, 그 여백 속에서 감정은 본질을 드러낸다.

마음을 나눈다는 것은 깊은 이해와 존중을 의미한다. 사람들은 서로의 마음을 조금씩 알아가며 성장한다. 그 과정에서 나와 상대방이 조금씩 변해간다. 그 변화는 때로 어렵고, 때로는 다가가기 어려운 일이다. 그런데 그 변화가 사람을 더 나은 존재로 만든다. 감정을 표현하려면 시간이 필요하다. 그 시간이 쌓인 후에야 비로소 마음은 진정성을 얻는다. 그리고 그 진정성을 전하는 방법이 바로 시가 된다. 시는 고요히 담겨 있는 감정을 묵묵히 기록하며, 그 기록을 통해 감정의 깊이를 전한다.

감정은 언제나 변화 속에 있다. 시대가 바뀌어도 그 본질은 변하지 않는다. 처음 마음을 열 때의 떨림은 언제나 사람의 마음속에 존재한다. 그 떨림은 시간이 지나도 여전히 깊고 강해지며, 사람은 그 감정을 계속해서 간직한다. 중요한 것은 그 감정을 어떻게 표현할 것인가이다. 그 감정을 말이 아닌 다른 방식으로 전달하는 것이 중요하다. 시인은 그 속에서 감정의 본질을 깊이 담아낸다. 그것이 바로 시가 전하려는 감동의 핵심이다.

이 시는 산울림의 멤버인 김창훈 작곡가 겸 가수가 자신의 음악적 감성으로 풀어낸 노래로도 사랑받았다. 김창훈은 시의 고요한 떨림과 감정을 음악으로 승화시켜, 그 소리 속에서 감정의 본질을 더욱 섬세하게 표현했다. 그의 목소리는 시가 전달하려던 감정을 더욱 뚜렷하게 만들어, 듣는 이들에게 감정에 대한 깊은 성찰을 안겨주었다. 그의 노래는 단순한 시의 읊음이 아니라, 그 속의 복잡한 감정을 더욱 풍성하게 전달하는 매개체가 되었다. 시와 노래가 만나는 지점에서 그 감정은 새로운 언어로 변화한다.

변종태

1963년 제주 출생. 1990년 『다층』으로 작품 활동 시작. 시집으로 『멕시코행 열차는 어디서 타지』 『니체와 함께 간 선술집에서』 『안티를 위하여』 『미친 닭을 위한 변명』 『목련 봉오리로 쓰다』 『일간 어머니 정기구독』 등 다수. 『다층』 편집주간.

Stairway to Heaven 2024.12, 53×40.9cm

제4부

그대의 마음으로 스며드는

두 개의 칫솔

고두현

봄 햇살 따뜻한

욕실 창에 기대어

부드러운 솜털

서로 간질이며

까르륵까르륵

웃음꽃 피워 올리는

새내기 커플 한 쌍.

고두현_두 개의 칫솔

산울림과 홍대 골목길과
'두 개의 칫솔'

고두현

중학교 2학년 가을이었다. 라디오만 틀면 〈나 어떡해〉가 흘러나왔다. 9월에 열린 제1회 MBC 대학가요제 대상 수상작이었다. 서울대 농대팀 샌드페블즈가 불렀는데, 곡도 좋았고 4음절로 변주되는 가사도 좋았다.

"나 어떡해/너 갑자기 가버리면/나 어떡해/너를 잃고 살아갈까/나 어떡해/너를 두고 떠나가면/그건 안 돼/정말 안 돼 가지 마라/누구 몰래 다짐했던 비밀이 있었나…" 하면서 서서히 고조되다가 "다정했던 네가/상냥했던 네가 그럴 수 있나" 하고 고음으로 치닫는 장면에서는 전율이 일었다. "나 어떡해"가 반복되는 후렴구에서는 더욱 그랬다.

나중에야 알았지만, 이 노래를 작사 작곡한 사람은 산울림의 김창훈이었다. 그는 형 김창완, 동생 김창익과 함께 무이(無異)라는 밴드로 대학가요제 서울 예선을 1등으로 통과했지만, 형이 대학을 졸업한 상태여서 탈락하는 바람에 결선 곡으로 부르려고 준비했던 〈나 어떡해〉를 후배팀인 샌드 페블즈에게 주었던 것이다.

그해 겨울, 이들 삼 형제가 밴드명을 '산울림'으로 바꾸고 1집 〈아니 벌써〉를 냈을 때도 그랬다. 라디오에서 이들의 노래가 쉬지 않고 흘러나왔다. 동네 문방구에서 읍내 레코드 가게까지 하루 종일 울려 퍼졌다. 맑은 보컬과 통통 튀는 베이스 리듬에 "아니 벌써 해가 솟았나/창문 밖이 환하게 밝았네" "아니 벌써 밤이 깊었나/정말 시간 가는 줄 몰랐네" 같은 가사의 운율이 절묘하게 어우러졌다. 보름 만에 40만 장이 팔렸다니 얼마나 인기가 있었는지 짐작이 간다.

국산 싸구려 베이스 기타와 필리핀 밴드가 버리고 간 중고 기타, 드럼 대신 냄비 뚜껑이나 숟가락 통으로 연습하며 일군 기적이었다. 왕십리에서 계란판을 사와 흑석동 골목집 방에다 붙여 놓고 미친 듯이 몰입한 결과여서 더 감동적이었다.

어릴 때부터 '수재' 소리를 듣던 형 창완이 대학 때 기타를 잡은 것과 달리 둘째 창훈은 당산중학교 시절 성악가인 음악 선생님을 통해 클래식에 눈을 떴다고 한다. 그는 한 인터뷰에서 "그때 청음을 배운 뒤로 노래를 들으면 계명이 떠올랐고, 그 덕분에 머릿속의 멜로디를 음표로 표현할 수 있었다"고 말했다.

나도 중학교 때 국어 선생님 덕분에 시를 쓰기 시작했다. 국어 시간에 선생님이 "글을 계속 써 봐라."며 힘을 북돋워 주자 마음속에 용기가 솟아났다. 어느 날 글짓기대회에서 「남해 금산」이라는 시로 분에 넘치는 칭찬을 받은 뒤 시인이 되기를 꿈꾸었으니 당산중학교 시절의 그와 닮은 셈이다. 그러고 보니 시와 노래의 뿌리도 닮았다.

중3 때 산울림 2집 〈내 마음에 주단을 깔고〉가 나왔는데 이 곡의 가사도 참 멋졌다. "그대는 아는가 이 마음/주단을 깔아놓은 내 마음/사뿐히 밟으며 와 주오" 같은 구절은 "금빛 은빛 무늬로 수놓은/하늘의 융단이/밤과 낮과 어스름의/푸르고 침침하고 검은 융단이 내게 있다면/그대의 발밑에 깔아드리련만"이라는 예이츠의 시를 떠올리게 했다.

고등학교 시절에는 중고 기타로 산울림 노래를 흉내 내며 밤을 새우기도 했다. 내가 대학에 입학한 1982년 말에 김창훈이 해태그룹에 들어가고, 김창익이 대우자동차에 입사했다. 그 뒤로 한동안 '산울림' 활동이 뜸했다. 간간이 20주년과 30주년 기념 공연 등으로 기지개를 켜는 듯했다. 하지만

2008년 14집 준비 과정에서 막내가 불의의 사고로 세상을 떠났고, 그 충격으로 '산울림'은 공식 활동을 접고 말았다.

그 무렵 나는 홍대 앞 산울림 소극장 인근에서 생활했다. 극단 '산울림'의 전용 극장 이름과 록밴드 산울림의 이름이 똑같은 건 우연일 수도 있겠지만, 나에게는 특별한 느낌으로 다가왔다. 우리말 중에서도 아주 웅숭깊은 공명음을 내는 '산'과 '울림'의 음조가 서로 중첩되어 오묘한 화음을 이루는 것처럼 여겨졌다.

그런 생각을 하며 홍대 정문에서 산울림 소극장 쪽으로 걷던 어느 봄날 오후, 한 골목집 화단 위의 반투명 창문에 어슷하게 비친 칫솔 통을 발견했다. 가만히 보니 칫솔 두 개가 몸을 기댄 채 뽀뽀하듯 솔을 맞대고 있었다. 아마도 저 칫솔들의 주인은 풋풋한 새내기 커플일 거야….

그 순간 두 칫솔이 부드러운 솜털로 서로의 몸을 간질이는 장면이 떠올랐다. 곧이어 까르륵거리는 웃음소리가 방안을 가득 채우는 듯했다. 그 맑고 앙증스러운 이미지는 집에 돌아온 뒤에도 오랫동안 뇌리에서 떠나지 않았다. 한참 시간이 지난 뒤 그 모습을 떠올리며 쓴 시가 「두 개의 칫솔」이다.

그런데 몇 년 전, 누가 "이거 들어봤어요?" 하며 시노래

영상을 보내왔다. 놀랍게도 산울림의 김창훈이 「두 개의 칫솔」에 곡을 붙여 직접 노래하는 영상이었다. 시의 분위기를 이렇게 풋풋하게 살릴 수도 있구나. 한마디로 '양념 적게 쓰고도 풋풋한 미각을 잘 살려내는 맛집' 같은 느낌이었다.

봄날 오후 따스하게 내리쬐는 햇살과 새내기 커플 한 쌍의 젊음, 이들의 푸르고 달콤한 시간과 까르륵거리며 웃음꽃 피우는 공간, 욕실 창가에 기댄 둘의 몸짓과 솜털처럼 부드러운 교감, 이들 새로운 날을 꿈꾸는 청춘의 사랑과 생명의 교집합…. 이런 요소들로 수채화 같은 인생의 봄날 풍경을, 그리고 그 위에 향긋한 꽃잎 내음과 산뜻한 선율을 함께 입히다니!

하긴 김창훈 개인뿐만 아니라 '산울림' 형제들이 일군 성공의 비결도 이 같은 맑음과 순수한 열정이었을 것이다. 곡을 만들 때 다른 건 생각하지 않고 오직 좋은 음악만 생각하는 순수함과 창작에 대한 열정, 그것이 이들의 작품에 생명력을 불어넣은 원동력이었을 테니까. 그 맑고 순수한 소리의 음이 봄날 창가에 비친 두 칫솔의 정물에 생명의 숨을 불어넣어 준 것이다. 마치 흑백영화의 정지화면 같은 창가의 그림을 살아 움직이게 만든 '울림'의 바탕도 맑음과 순수 그 자체다.

이런 작업들이 '김창훈의 시노래' 시리즈로 이어져 어느새 1,000곡에 이르렀다니 놀랍고 존경스럽다. 중학교 때 〈나 어떡해〉를 처음 들었을 때처럼 새롭고 또 멋지다.

고두현

1963년 경남 남해 출생. 1993년 『중앙일보』 신춘문예 당선으로 작품 활동 시작. 시집으로 『늦게 온 소포』 『물미해안에서 보내는 편지』 『달의 뒷면을 보다』 『오래된 길이 돌아서서 나를 바라볼 때』 등 다수. 김달진문학상 등 수상.

Monologue 2025.4, 53×40.9cm

무안역

박관서

짙푸른 어둠에 물든 밤
초당산 낮은 등허리로
구불구불 이어진 논둑길 따라
호드기 울음소리마저
둠벙 깊이 꼬리를 감춘 밤
노란색 역명등 더듬이로 켜든
산골 깊은 무안역 푸른 메모지 같은
유리창에 이마를 부비며
사랑한다 사랑한다 사랑한다
눈발처럼 몰려드는 하루살이들
치지직 치지직 제 몸을 태워
밤하늘 멀리 별빛으로 흘러가는
아픈 첫사랑의 간이역

박관서_무안역

그대의 마음으로 스며드는
시노래 무안역

박관서

　　　　　　　　　졸시 「무안역」은 참 오랫동안 여러 사람에 의해서 쓰인 시이다. 여기에서 오랫동안이라는 시간은 철도 노동자로 일한 필자가 실제로 무안역이라는 공간에서 보낸 삼십여 년이라는 세월에서 비롯된다. 또한, 여러 사람에 의해서 씌었다는 이야기는 이 시가 단순한 문자로서의 시가 아니라 노래라는 운율을 입고서 시노래로 기능하며 돌아다녔음을 말한다.

　'무안역'은 호남선의 종착지 근처에 있는 작은 간이역이다. 영산강 중하류 가까이 낮은 구릉으로 이루어진 초당산 옆에 있는 무안역의 원래 이름은 '사창역'이었다. 조선시대 영산강의 조운을 따라 형성된 사창(社倉)이 있었던 곳으로, 인가라고는 전혀 없는 들판 한가운데 있는 역이다. 특히, 짙푸른 어둠이 물든 밤이면 하루살이들이 수없이 몰려들어 유인등을 따로 켜두어서 퇴치할 정도이다.

철도학교를 갓 졸업한 필자가 온통 어둠으로 물든 시골의 철도 역사에서 맞는 무연한 삶의 빈곤과 쓸쓸함을 이기지 못하고 썼던 글이다. 터질 듯 뜨거운 가슴을 어쩌지 못하고 "푸른 메모지 같은 유리창에 이마를 부비며/사랑한다 사랑한다 사랑한다"라면서, 그래도 살아 있는 생명으로 "눈발처럼 몰려드는 하루살이들"과 함께 "치지직 치지직 제 몸을 태워/밤하늘 멀리 별빛으로 흘러가는" 말 그대로 "아픈 첫사랑의 간이역"이 되었던 그런 시였다.

그런데 이처럼 그저 한 편의 시로 썼던 글이 내 삶을 두드리며 다가왔다. 어려웠던 때였다. 그저 차라리 죽어버리는 것이 살아 있는 것보다 편하다 싶어서 일주일씩 잠을 자지 못하던 그런 때였다. 온몸으로 하던 문학과 예술 그리고 동시대를 살아가는 민중들 속으로 들어가야 한다는 나름의 신념을 지녔던 젊은 날이었다. 그리하여 하루 24시간을 꼬박 일하고 다음 날 24시간을 비번으로 쉬는 철야 노동의 일상을 온전히 지역 문예운동을 내세우며 앞장서고자 했었다.

그러한 '앞장의 앞으로' 내세워 추동했던 게 '시노래'였다. 하루하루를 생애의 처음이자 마지막으로 살아가는 민중들의 가슴에 아니 그들의 삶에 다가가는 가장 쉬운 예술의 형식이 시노래였기 때문이다. 내 이야기가 네 이야기가 되고 그리하여 모두의 이야기와 숨결로 함께 노래하는 시노래는 실은 민요이거나 또는 참요(讖謠)의 한 형식과 같기도 하였다.

물론 이는 어설픈 문학청년 시절부터 일찌감치 내 속에 담겼던 문학의 내용이었다. 그저 시만이 아니라 이에 운율이 더해진 시노래가 얼마나 크고 깊이 사람들의 가슴을 울리는지를 생래적으로 알려준 시인이자 작곡가인 유종화 형 때문이다. 목포의 유달산 마루턱에 안겨있는 덕인중학교의 허름한 체육관 창고에서 기타를 퉁기며 함께 부르던 갓 태어난 시노래들을 기억한다. 한하운 시에 유종화 형이 곡을 붙인 「전라도길」이라든가, "이 고개 저 고개 밥풀 같이 피었다"라는 유강희 시에 곡을 붙인 시노래 「개망초꽃」 등을 잊을 수 없다. 지금도 한 편의 시를 쓰고 나면 퇴고 시에는 꼭 소리를 내어 읽고 읽어서 운율을 살려내는 연유이기도 하다.

그리하여 이를 통해 광주에서 전국의 시인들을 대상으로 본격적인 시노래운동을 하던 그룹 〈꼬두메〉의 싱어송라이터 한보리 형 등을 만났다. 생각이 같으면 곧바로 몸으로 함께 하던 그런 때였다. 필자가 몸을 담고 있던 철도를 매개로 전국의 간이역을 순회하는 〈간이역 순회 시노래 콘서트〉는 물론, 서남권의 섬과 시골 벽지를 찾아가는 〈도서지역 청소년 문화축제〉 등을 함께하였다.

지금 생각해 보면 옆이나 뒤를 보지 않고 그저 앞만 보며 달리던 그런 때였다. 그래서였을까, 문예운동계의 스승 격이던 선배가 엄청난 '클레임'을 걸어왔다. 섬 지역을 대상으로 공모했던 공공예술 프로젝트에서 경합했다가 밀려나며 시작된 문제 제기는 단순한 민원 정도가 아니라, "함께 죽자!" 정도를 넘어 아예 "모두가 함께 망하자!"라는 듯이 덤벼왔다.

자신이 옳다는 체험과 함께 기억으로 적층되어 다시 갱신하지 않는 확신이 얼마나 큰 고집과 파시즘으로 연결되는지를 알게 된 것은 훨씬 뒤였다. 그때는 그냥 아무런 준비 없이 이에 맞닥뜨리느라 너무 힘들었다. 무엇보다 먼저 동지로서 함께 문예운동을 했던 선후배 동료들에게 미안했고, 또한 옆에서 물심양면으로 도왔던 아내와 아이들 보기에도 부끄러웠고 흉측하였다.

그러한 흉측함이 싫어서 모든 것을 그만두고 자포자기하려던 시점에 한보리, 오영묵, 박양희 가수 등이 나서서, 필자의 시 「무안역」을 비롯한 열 편의 시에 곡을 붙인 시노래 음반 〈박관서 포엠송 – 간이역 소식〉(ANT, 2018)을 헌정 음반으로 간행해 주었다. 그때 불현듯 받은 마음의 힘, 그리고 야근을 마친 새벽에 광주 사직공원에 있던 영상예술센터 지하 스튜디오로 불려 가서 졸시 「간이역 소식」을 낭송하며 녹음하던 순간을 잊지 못한다.

그리고 이번에 다시 한번 깜짝 놀랐다. 우연히 찾아 들어간 온라인 공간에서 만난 시노래 「무안역」은 우리 시대의 가장 가슴 아픈 이야기와 만나고 있었다.

"시노래 875 ★ 무안역 ★ 시인 박관서 : 무안공항 사망자들의 명복을 빌며 애도합니다 ★ 짙푸른 어둠에 물든 밤 호드기 울음소리마저 둠벙 깊이 꼬리를 감춘 밤 노란색 역명등 산골 깊은 무안역….”

월인천강지곡과 같이 무려 천곡의 시에 노래를 붙여서 시노래로 부르는 엄청난 예술 프로젝트의 한 갈래에 낀 「무안역」이 보였다. 물론 그것은 선뜻 찾아드는 반가움을 넘어, 시대의 아픔과 함께하는 것이어서 금세 차분해진 마음으로 돌아오는 새로운 「무안역」이었다.

그래, "이야기하는 사람은 죽지 않는다."라는 아일랜드의 속담처럼 이야기는 시간을 넘어서 사람과 사람으로 이어진다. 하지만 이에 더하여 시노래는 사람들의 마음을 타고 스며들어와서 함께 적신다. 나의 마음이 그대의 마음이 되어 모두를 적신다. 사람이 짐승과 다른 가장 큰 이유는 아픔과 슬픔을 함께 나누는 마음이 있기 때문이 아니겠는가.

우리들의 시와 노래는 그 아픔과 슬픔의 가장 깊은 속살이자 신경이 되어 천만 광년의 속도로 서로 엉키며 스며들어, 무너져도 무너지지 않고 사라져도 사라지지 않는 우주의 파동으로 아침이슬 같은 우리의 존재를 감싸는 햇살이 된다고 믿는다. 그리하여 그 햇살과 같은 마음으로 오늘 다시 김창훈 선생이 만들어 부른 시노래 「무안역」을 '호드기 울음소리'처럼 흐득흐득 따라 부르며 무안공항 참사 희생자들을 애도하고 거듭 명복을 빈다.

박관서

전북 정읍 출생. 1996년 『삶 사회 그리고 문학』으로 작품 활동 시작. 시집으로 『철도원 일기』 『기차 아래 사랑법』 『광주의 푸가』, 산문집으로 『남도문학을 읽는 마음』 등 다수. 시노래 음반 〈간이역 소식〉.

Fly High 2025.4, 53×40.9cm

파랑새

김준태

파랑새를
본 사람은
더러 있다고 한다

옛이나
오늘이나
파랑새를
본 사람은
더러 있다고 한다

파랑새…
그러나 파랑새가
어디에서 죽었는지
보았던 사람은
아직 하나도 없다고 한다.

김준태_파랑새

파랑새는 노래가 되어 날은다 :
시는 사람과 하늘과 땅을 잇는 노래

김준태

역사는 흐르고 나면 노래가 된다. 사람은 가고 나면 노래로 남는다. 그 민족은, 그 시대마다 백성 혹은 민중은 노래로 남아서 후세의 사람들에게 회자한다. 아주 자연스럽게 그리고 아주 단순하면서도 선명하게 노래는 사람들의 몸과 마음속으로 스며들어 숨결이 되다가 때로는 파도처럼 출렁거리기도 한다. 그래서 나는 시를 노래로 생각하고 노래 또한 시로 생각하면서 '시'를 써서 '노래'로 부르곤 한다.

돌이켜보건대 역사는 그리고 역사 속의 사람들은 시와 소설의 형상화 과정을 통하여 다시 살아난다. 소설이 긴 이야기를 두고 사람들의 삶과 역사를 풀어나간다면 시는 상징과 비유, 압축이라는 짧은 기재와 형식을 통하여 사람들의 삶과 역사를 긴장미 있게 담아낸다. 그런 가운데 어떤 시는 민요라는 그릇에 담겨서 사람들의 역사와 감정과 로망을 노래로 승화시키는 과정을 연출한다.

우리 민족의 위대한 고전이요 유산인 고구려의 「황조가」에서부터 백제의 「정읍사」, 「가시리」, 「도이장가」, 「청산별곡」 등의 고려가요, 그리고 고려 일연스님께서 저술한 『삼국유사』에 실려 있는 14수의 향가도 그야말로 모두 시이면서 출중한 노래가 아니던가. 효소왕 때 득오실이라는 화랑이 죽지랑을 사모하여 지은 8구체의 「모죽지랑가」, 성덕왕 때 한 노인이 강릉 태수 수로부인한테 꽃을 꺾어다 주기 위해 절벽을 올라갔다는 4구체의 「헌화가」, 승려 충담사가 왕에게 현명한 정책을 제시한 10구체의 「안민가」, 역신(귀신)에게 아내를 빼앗긴 처용이 그를 용서하면서 불렀다는 8구체의 「처용가」, 서동(백제 무왕의 아명)이 선화공주를 유혹하기 위해 동요로 지어 퍼뜨렸다는 4구체의 「서동요」 등이다.

경덕왕 때 희명이라는 사람이 눈먼 자식이 눈을 뜨게 해달라고 부처님께 빌었다는 4구체의 「도천수관음가」, 선덕여왕 때 영묘사의 불상을 만들기 위하여 모인 사람들이 불렀다는 노동요로 4구체인 「풍요」, 행상 나간 남편의 무사 귀환을 비는 여인의 심정을 담은 10구체의 「원왕생가」, 경덕왕 때 하늘에 해가 둘 나타난 괴변을 잠재우기 위해 승려 월

명사를 시켜 노래 부르게 했다는 4구체의 「도솔가」, 죽은 누이를 추모하기 위해 승려 월명사가 지은 10구체의 「제망매가」, 진평왕 때 금강산을 찾아가는 세 화랑의 불길한 마음을 안심시켜 주기 위해 승려 융천사가 지은 10구체의 「혜성가」, 신충이라는 어진 신하가 효성왕과의 약속과 그리움을 노래한 8구체의 「원가」, 원성왕 때 승려 영재가 도둑들을 회개시켜 불가에 들도록 노래한 10구체의 「우적가」는 모두 시이면서 민요적인 것을 포함한 노래다.

1894년 녹두장군 전봉준이 이끌었던 갑오동학혁명 혹은 갑오농민전쟁! 그때부터 줄기차게 불러왔던 「파랑새」도 민요였다. 때로는 자장가로, 동요로, 그리고 행진곡으로 불려오는 「파랑새」는 지금도 우리들 현재의 역사와 노래 속에서 하늘과 땅과 사람들을 이어 주면서 날고 있다. "새야 새야 파랑새야/녹두밭에 앉지 마라/녹두꽃이 떨어지면/청포장수 울고 간다"가 그것이다.

5·18광주항쟁을 겪은 나는 지금까지도 계속하여 '공동선을 추구한 광주 정신'을 모셔 오면서 시를 쓰고 있다. 사실 수많은 노래를 불러오고 있다고 해야 더 알맞은 표현일

것 같다. 나는 고대 그리스어, 라틴어에서 유래한 '시'에 대한 두 어휘에 대하여 어원(語源)을 중시한다. 예로부터 '시'는 Verse(노래, 가락, 시, Singing)라는 말을 주로 썼던 반면에, Poem(시, 말의 표현, Making)은 19세기 이후부터 사용되었다는 것에 주목한다. 자연스럽게 노래되었던 시가 산업혁명과 산문문학의 대두로 노래보다는 수사법에 더 의존하고 있다는 사실에 서글퍼하며 내 경우는 노래의 시를 더 지향한다.

가수 김창훈 선생께서 작곡한 나의 시 「파랑새」도 '시는 노래'라는 믿음 속에서 쓰인 것 중의 하나이다. 1980년 수많은 시민이 불의에 항거하며 숨을 거둘 때 나는 그들이 죽었다고 생각하지 않았다. 나는 그들이 우리들의 눈에서 보이지 않을 뿐 이 세상 어딘가에서 살고 있다고, 그리고 우리들과 함께 살고 있다고 믿으며 시를 밀고 나간다. 우리 시대의 가수 김창훈 선생께서도 그러한 사랑과 믿음을 가지고 노래를 부르고 계신다고 생각한다.

시 「파랑새」를 쓸 무렵에 나는 「이 세상에서 사라지는 것은 하나도 없다」라는 시를 탄생시켰다. 이 시 역시 서울대 노래패 '메아리'가 작곡해서 대학가 혹은 유명 가수들을 통해서 많이 노래로 불렸다.

이 세상에서/사라지는 것은 하나도 없다/강물이 흐르고 새가 날으던/아득한 옛날부터//사라진다는 것 부서진다는 것//(중략)//구멍이 뚫리거나 쭈그러진다는 것/그것은 단지 우리에게서/다른 모양으로 보일 뿐/그것은 깊은 바닷속의 물고기처럼/지느러미 하나라도 잃지 않고/이 세상 구석구석을 살아가며/때로는 파아란 불꽃을 퉁긴다.

나는 '파랑새'가 이 세상 곳곳을 날고 있다는 생각으로 이 세상 사람들도 죽지 않고 살아간다는 꿈을 꾸면서 오늘을 시로 노래한다! 생명과 평화와 공동체를 추구한 사람들 속에서 오늘도 변함없이 '파랑새'는 맑고 아름다운 목소리로 노래하면서 드높이 날고 있을 것이다!

김준태

1948년 전남 해남 출생. 1969년 『시인』으로 작품 활동 시작. 시집으로 『참깨를 털면서』 『칼과 흙』 『쌍둥이 할아버지의 노래』 등 다수. 조선대학교 초빙교수, 5·18기념재단 이사장 역임.

모과

서안나

먹지는 못하고 바라만 보다가

바라만 보며 향기만 맡다

충치처럼 꺼멓게 썩어 버리는

그런 첫사랑이

내게도 있었지

서안나_모과

산울림은 평화와 사랑

서안나

베토벤은 음악을 "모든 언어를 초월"하는 것이며, 미국 NBA의 전설 레드 아워벡 역시 "일상의 먼지를 영혼으로부터 씻어"내는 힘을 지닌다고 강조한 바 있다. 이처럼 음악은 단조롭고 익숙한 일상에서 우리를 구출하여 비밀스러운 영혼의 세계로 도약하게 한다. 더 나아가 음악은 인종과 언어의 국경을 허물고, 공고한 권력의 위계를 흔들어 우리를 사랑에 닿게 한다.

나의 유년 시절에 커다란 위로가 되어 준 것 역시 노래였다. 나는 중학교 때 친구들보다 일찍 음악에 접할 수 있는 행운아였다. 부모님이 마련해주신 전축과, 외삼촌이 물려준 귀한 LP판이 있었다. 소심하고 기질적으로 예민했던 나의 사춘기 시절에 느꼈던 고통의 자리를 노래가 채워주었었다. 나의 서툰 음악감상은 잡식성이라, 장르를 가리지 않고 다양하게 듣곤 했는데, 날씨에 따라 혹은 그날의 감정의 파고에 따라 듣고 싶은 노래가 자주 바뀌곤 했었다. 그때 자주 듣던 애청곡이 바로 산울림이다.

좋은 노래는 오랜 시간이 흐른 후에도 사람의 심장에 남아 그와 함께 살아간다. 고등학교 시절 부모님 몰래 부풀려 받은 용돈으로 산울림의 LP를 샀고, 라디오에서 나오는 노래를 공테이프에 녹음할 만큼 좋아했던 산울림. 고교 시절 친한 친구 몇이 있었는데, 우리 우정의 테두리를 한결 단단하게 해주었던 것 역시 산울림의 노래였다.

우리에게 산울림의 노래는 마치 피부와도 같았다. 사춘기의 알 수 없던 불안함을 공유할 수 있게 해주고, 더불어 그 불안함을 따스한 담요처럼 감싸주던 노래였다. 노래는 때로 인생에서 오래된 지도의 역할도 하는 것만 같다. 노래에 의지하여 우리는 그 지난한 사춘기의 성장통을 걸어 나온 셈이다.

산울림의 노래 중에서도 우리가 유독 아끼던 노래는 〈독백〉과 〈청춘〉〈회상〉과 같은 애잔한 곡들이었다. 밝고 경쾌한 리듬을 지닌 노래보다, 쓰디쓴 담즙 같은, 사춘기 소녀들의 까칠하고 뒤뚱거리는 내면의 우울함이 깃든 노래가 좋았다.

산울림의 노래를 듣다 보면, 니체의 말이 떠오르곤 한다.

그는 "음악을 만들어내는 것은, 어떤 의미에서는 어린이들을 만들어내는 것이다."라고 말한 바 있다. 우리는 산울림의 LP가 망가질 정도로 노래를 들으면서, 평화와 사랑을 향해 걸어가는 발걸음을 사춘기 소녀들이 지닌 영민함으로 알아채고 있었는지도 모른다.

산울림의 노래에는 '순수' 혹은 '선'의 대지를 향하는 목소리가 있었다. 그 목소리는 결연하면서도 따스하고 강직하다. 소외되고 배제된 존재를 훼손하거나 침범하지 않으려는 손길이 들어있다.

산울림이란 메아리이다. 내가 지른 외침이 미래의 시간을 품고 나에게 부메랑처럼 되돌아온다. 나에게 도착한 소리에는 자연이 묻어있다. 산울림은 나를 둘러싼 세계와 자연과 조응하고 공감하여 새로워진 나와 만나는, 도저한 생명력이 함께하는 노래가 된다.

산울림의 노래가 그러하다. 착한 목소리로 부르는 선한 노랫말은 듣는 이로 하여금 어린아이처럼 순수한 동심의 세계를 인식하게 한다. 가사와 리듬과 가수가 혼연일체가 되어 자연에 가까워진다. 산울림의 노래를 들으면 우리 내면에 숨겨졌던, 혹은 우리가 스스로 휘장으로 가려두었던 순수한 자연의 대지를 발견하게 된다.

　나는 산울림이 있어, 그 노래가 있어 참으로 행복했었다. 추억이란 얼마나 귀한 것인가. 음악은 추억을 저장하는 한 권의 책과 같다. 음악이라는 책에 적힌 문장들이 봄날 물결처럼 다가온다. 나의 시 「모과」 역시 그렇다. 첫사랑처럼 치통과 같이 내 안에 늘 기거하는. 그 시절 "언젠간 가겠지~"로 시작하던 청춘과 회상, 그리고 독백으로 이어지던 그 낮은 목소리가, 아름답던 그 시절이 참으로 귀하다. 아직도 방파제에 앉아서 저녁을 부르던 영혼이 깨끗한 그 친구들. 산울림은 평화이며 사랑이라는 현재진행형이다.

서안나

1990년 『문학과 비평』으로 작품 활동 시작. 시집으로 『푸른 수첩을 찢다』 『플롯 속의 그녀들』 『립스틱발달사』 『새를 심었습니다』 『애월』 등 다수. 한양대 강사.

Diamond Flower in Green 2025.5, 53×40.9cm

물방울 꽃

성향숙

밤새

비 오는 소리 들린다

나뭇가지마다

풀잎 끝마다

빨랫줄마다

대롱대롱 몰려가는

젖은 꽃들의

손사래 행렬

성향숙_물방울 꽃

산울림과 물방울 꽃

성향숙

문득 한 편의 영화가 생각난다. 〈델마와 루이스〉. 폭력을 일삼는 남편으로부터 탈출하고 싶은 델마(지나 데이비스)가 반복된 일상을 벗어나고 싶은 웨이트리스 루이스(수잔 서랜든)와 함께 차를 몰고 여행을 떠난다. 어느 날 밤 휴게소에서 성폭행하려는 남자를 우발적으로 죽이게 되고, 그 후 그녀들의 여행은 목숨 건 도주다. 경찰을 따돌리기 위해 거침없이 질주하고 이런저런 에피소드를 겪으면서 연약하고 의존적 자아의 델마는 주체적이고 강한 여자로 변모하게 된다. 통쾌하다. 이런 짜릿한 일상 탈출의 로드 무비 같은 음악이 있었다.

"아니 벌써, 해가 솟았나? 창문 밖이 훤하게 밝았네." 커튼을 걷고 베란다 창을 열었을 때 새벽까지 비가 내렸는지 젖은 대지 위로 태양이 눈부시게 솟아오르고 있다. 베란다 난간에 매달린 물방울들이 줄줄이 어디론가 몰려간다. 물방울들은 바닥에 떨어지는 순간 활짝 꽃으로 핀다. 고속카메라로 찍은 영상을 보면 왕관같이 화려하더라. 어느 꽃이든 화려함은 잠깐 피었다 진다. 화무십일홍은 열흘이 아니라 순간이다. 특히 물방울 꽃은 찰나다.

눈만 뜨면 턴테이블 위에 음반을 올렸다. 유행을 비껴나 가요뿐 아니라 특정 장르 상관없이 잡식성 취향의 음악을 많이 듣기도 했던 시기였다. 그러나 〈산울림〉 1집이 발간되고 나서부터는 밤이고 낮이고 시도 때도 없이 턴테이블에 가장 많이 올렸던 음반이 산울림이다. 물방울 꽃을 얘기하다가 산울림을 언급하니 이 음반의 노래들도 순간만 핀 꽃이라고 말하고 싶은 것인가 오해할 수도 있겠다. 1집 이후 발표하는 노래마다 주옥같았지만, 굳이 유행을 따진다면 산울림도 1집 음반 발표 때가 화양연화였다고 생각된다. 〈아니 벌써〉, 이 노래만큼 신선하고 강렬하게 뇌를 자극했던 노래가 거의 없었으므로. 좋은 노래는 유행을 거슬러 역주행하기도 하지만 산울림 음반의 노래들은 역주행도 필요 없는 영원한 명곡들이다. 바흐의 평균율이 수없이 변주돼 더 아름다운 곡을 복제하듯 많은 가수들이 산울림의 노래를 리메

이크해 잊히지 않는 명곡으로 만들기 때문이다. 지금은 산울림의 노래들도 '유행을 약간 비켜난 나의 잡식성 취향'에 포함되었지만, 산울림이 처음 세상을 울렸을 때의 그 느낌은 어떤 말로 형용해야 할지 모르겠다.

새로웠다. 가요의 세계를 전복한 신선한 음악 언어였다. 머릿속이 환하게 열렸다. 기존 가요의 장르를 파괴하는, 밤새 비가 내린 후 맑은 아침의 도파민 같은 음악이었다. 혼잣말하는 듯한 프레이징 감각으로 소리를 높였다가 속삭이기도 했다. 목소리는 감미롭지 않았고 노래 언어로 정제되지 않은 것 같기도 했다. 오히려 기쁘면 기쁜 대로, 화가 나면 화나는 대로, 슬프면 슬픈 대로, 날 것 그대로 표현하는 투박한 일상 언어 같았다. 아니 벌써! 외치면 그들의 외침만큼 자유의 몸이 되어 날아갔다. 걷는 발걸음은 저절로 가벼워졌다. "꼭 그렇진 않았지만 구름 위에 뜬 기분이었어." 떨리는 호흡 소리가, 전율하는 심장 소리가 들리는 듯하다. 더듬이처럼 그 가사를 따라간다. 시적인 가사 하나하나가 똘망똘망한 빛을 발하는 사랑의 마음을 대변해 주고 있었다. 사랑하는 마음을 익숙한 새로움의 초여름처럼 싱그럽게 만들었다. 그들은 늦잠을 자고 허둥대다가 중요한 약속을 망치고 여자 친구를 잃었을 거야. 〈아니 벌써!〉 울리면 상심하거나 말거나 관심 없고 그냥 좋아서 매일 들었다. 늦잠 자고 엄마 잔소리만 듣다가 오늘은 유쾌하게 하루를 시작할 것 같은 느낌으로 듣고 또 들었다.

음반 한 장은 〈아니 벌써〉로 시작해 10곡의 노래가 끝나면 다시 가장자리로 바늘을 옮기고 또 올리고, 하루 종일 방 안에서 작은 턴테이블 위의 노래를 들었다. 그러다 어느 순간부터 더 크게 듣고 싶어 거실 전축에 음반을 걸었다. 거실의 넓은 창을 활짝 열어놓고 볼륨을 최대 높였다. 세상 사람들아, 이 노래 멋지지 않아? 우리 같이 듣자.

좋은 음악은 같이 들으면 들을수록 밀푀유처럼 이야기의 겹이 두터워진다. 리스트로 작성해 카세트테이프에 녹음해 애인이나 친구에게 선물한다. 친구나 연인들이 버스 뒷자리에 앉아 이어폰을 나눠 끼고 같은 음악을 공유하고 즐기는 것은 화살처럼 박히는 공감 때문이다. 마음의 겹을 나누고 싶은 욕구 때문이다. 먼 훗날 듣는 그 음악에서 세월이 흘러도 변치 않는 친구가 보내는 마음의 소식을 듣는다. 지금은 저작권 때문에 거리의 음악은 침묵이지만 그땐 곳곳 카세트 리어카나 레코드점, 그리고 상점마다 〈아니 벌써!〉가 터져 나왔다. 어떤 거리에서도 건물 밖으로 흘러 넘치는 음악을 들을 수 있었다. 거리엔 활기가 넘쳤다. 그건 거리를 걷는 많은 나와 공감하고 싶은 심정이어서일 거다.

여름을 재촉하는 비가 내린다. 봄비는 소리 없이 내리다 금방 그치고 맑은 해가 얼굴을 내민다. 테라스 난간에 매달린 빗방울 하나하나 햇살을 받아내고 있다. 오랜만에 유튜브에서 산울림의 첫 번째 음반을 찾아 흐르는 노래에 내 마음을 걸어본다. 친구야, 듣고 있니?

성향숙

경기 화성 출생. 2000년 『농민신문』 신춘문예, 2008년 《시와반시》로 작품활동 시작. 시집으로 『엄마, 엄마들』 『염소가 아니어서 다행이야』 『무중력에서 할 수 있는 일들』 등 다수.

풀꽃 1

나태주

자세히 보아야
예쁘다

오래 보아야
사랑스럽다

너도 그렇다.

풀꽃 2

나태주

이름을 알고 나면 이웃이 되고
색깔을 알고 나면 친구가 되고
모양까지 알고 나면 연인이 된다
아, 이것은 비밀.

나태주_풀꽃

'풀꽃' 시의 영광

나태주

제가 시골뜨기이고 우물 안 개구리입니다. 내가 아는 것만 알고 내가 보고 싶은 것만 보고 내가 듣고 싶은 것만 골라서 듣는 편파적인 사람입니다. 하기는 그러기에 시인이 아닌가 싶기도 합니다. 하지만 저는 시 이외에도 관심이 있는 것이 몇 가지 있습니다. 첫째가 그림이고, 둘째가 노래이고, 셋째가 여행입니다. 그들 속에서 시가 나오기도 하고 그들을 통해 시를 만나기도 하기 때문이 아닌가 싶습니다.

일찍이 나의 시들은 여러 작곡가들에 의해 작곡되어 불리고 있었습니다. 내가 원하기도 했거니와 작곡가들이 나의 시를 좋아해 준 탓입니다. 몇 년 전부터는 아예 공주에서 열리는 우리 풀꽃 문학축제에서 '나태주 시 창작가요제'라는 프로그램을 개최하여 전국의 뮤지션들을 불러 모아 음악제를 개최하고 있습니다. 이래저래 작곡되어 악보가 나온 것이 200곡이 넘습니다.

그렇게 작곡되어 노래 불리는 나의 시 가운데 가장 많은 뮤지션들이 작곡해 준 시는 단연 「풀꽃」이란 작품입니다. 지금까지 내가 파악한 작곡가들만 해도 13명에 이릅니다. 그러니까 가사는 하나인데 노래가 열셋이라는 얘기입니다. 그 가운데 내가 가장 좋아하는 노래는 경남 지역에 살며 평생 동요 사랑 운동을 펼치고 있는 고승하 작곡가가 작곡한 민요풍의 「풀꽃」 노래입니다.

그런데 이번에 김창훈 작곡가가 작곡했다는 「풀꽃」 시 노래를 새롭게 알게 되었습니다. 실은 맹문재 시인이 원고를 청탁해 주어 인터넷 동영상을 찾아보니 거기에 김창훈 작곡가의 노래가 나와 있어서 노래를 들어보기도 했습니다. 노래가 단아하고 맑고 깊었습니다. 이 또한 나로서는 횡재다 싶은 생각이 들었습니다.

"자세히 보아야/예쁘다//오래 보아야/사랑스럽다//너도 그렇다." 나의 「풀꽃」 시는 아주 짧고 단순하고 쉬운 시입니다. 내 나름의 시적 지론인 '짧고 단순하고 쉽고 임팩트 있게'가 그런대로 드러난 작품이라 하겠습니다. 2012년 광화문 글판에 어렵게 올라가 3개월 동안 걸리므로 해서 많은 사람에게 알려진 작품입니다. 나아가 시골 출신의 조그만 시인일 뿐인 나를 '풀꽃 시인'으로 만들어 준 시입니다.

그런데 '풀꽃' 시는 위에 적은 시만 있는 게 아닙니다. 위의 시를 쓰고 나서 두 편의 시를 더 썼습니다. 위의 시가 「풀꽃 1」이라면 「풀꽃 2」와 「풀꽃 3」은 다음과 같습니다. "이름을 알고 나면 이웃이 되고/색깔을 알고 나면 친구가 되고/모양까지 알고 나면 연인이 된다/아, 이것은 비밀."—「풀꽃 2」. "기죽지 말고 살아봐/꽃 피워 봐/참 좋아."—「풀꽃 3」.

이번에 김창훈 작곡가가 작곡하여 직접 노래 부른 「풀꽃」 노래를 들어보니 나의 「풀꽃」 시 1, 2, 3번 시 가운데 1번 시와 2번 시를 가지고 작곡하여 노래 부르고 있었습니다. 이 또한 다른 작곡가들이 작곡한 노래와는 변별이 되는 것이라 하겠습니다. 여러모로 감사하게 생각합니다. 나의 풀꽃 시는 나에게 시인적인 영광을 선물한 시이고 또 노래로서도 많은 영광을 선물한 시입니다. 그 중심에 김창훈 작곡가의 '풀꽃 노래'가 자리하고 있음은 말할 것도 없는 일입니다.

나태주

1945년 충남 서천 출생. 1971년 『서울신문』 신춘문예에 당선으로 작품 활동 시작. 1973년 첫 시집 『대숲 아래서』 이후 50여 권 출간.

정말 그럴 때가

이어령

정말 그럴 때가
있을 겁니다
어디 가나 벽이고
무인도이고
혼자라는 생각이 들 때가
있을 겁니다.

누가 "괜찮니"라고 말을 걸어도
금세 울음이 터질 것 같은
노엽고 외로울 때가 있을 겁니다.

내 신발 옆에 벗어놓았던
작은 신발들
내 편지 봉투에 적은
수신인들의 이름

내 귀에다 대고 속삭이던
말소리들은
지금 모두 다 어디 있는가.
아니 정말 그런 것들이 있기라도
했었는가

그런 때에는 연필 한 자루 잘 깎아
글을 씁니다.

사소한 것들에 대하여
어제보다 조금 더 자란 손톱에 대하여
문득 발견한 묵은 흉터에 대하여
떨어진 단추에 대하여
빗방울에 대하여

정말 그럴 때가 있을 겁니다
어디 가나 벽이고 무인도이고
혼자라는 생각이 들 때가 있을 겁니다.

이어령_정말 그럴 때가

책 뒤에

시노래 1,000곡을 마무리하며

김창훈

일찍이 '시를 내가 만든 것이 아니라 시가 나를 만들었다'라는 괴테의 명언을 빌려 나는 '시노래를 내가 만든 것이 아니라 시가 시노래를 만들었다'라고 말하고 싶다.

2021년 5월에 시작한 시노래 작업 이후 업로드된 노래들을 다시 들어보기는 이번이 처음이다. 발표된 앨범 역시 듣지 않는 버릇이 있는데, 하나의 이유는 결과물에 대한 부끄러움이고, 다른 하나는 무의식적으로 나의 작품을 스스로 복제하는 위험을 최대한 억제하기 위함이다.

햇수로 5년간 시노래 작곡을 하면서, 헤아릴 수 없이 많은 곳을 다니며 무수히 많은 사건과 사고와 마주했다. 하늘과 호수와 산과 들을 오르락내리락하며 나비와 새와 꽃과 뱀과 온갖 짐승들과 교감하였다. 또한 사랑과 이별, 비탄과 허무를 새롭고 다양한 방식으로 체험했고, 삶의 현장에서 함께 웃고 울며 행복한 시의 세계를 마음껏 탐닉하였다.

시노래를 작곡하면서 세운 규칙 있었는데
첫째, 시를 훼손하지 않고 원문 그대로 오직 시를 주인공으로 모실 것. 둘째, 시인 한 분에 한 편의 시만을 작곡하여 보다 많은 시인을 모실 것이었다. 시와 시인을 찾는 과정에서 맹문재 시인의 자문과 조언을 받은 경우가 많았는데, 그때마다 열성을 다해 도움 주신 점 지면을 빌려 감사함을 전한다.

한국 현대시의 태동기인 1890년대에 출생한 김명순, 김일엽, 나혜석을 비롯해 시대를 앞서 나갔던 비운의 근대 여성 시인들, 일제강점기의 한용운, 윤동주, 이육사, 이상화 등의 민족시인들, 이상과 백석 같은 천재 시인들, 그리고 한국인이 가장 애창하는 김소월 시인과 만나는 순간은 경건하고 엄숙했다. 김소월의 시집 『진달래꽃』은 올해 출간 100주년이 되기도 한다.

해방과 한국전쟁, 그 이후 격동의 시대에 창작 활동을 했던 많은 시인을 비롯해 구상, 기형도, 나태주, 도종환, 문익환, 문정희, 신달자, 장석주, 정현종, 정호승, 천양희, 최승자, 한영옥, 함석헌, 허수경 등의 시에 노래를 붙이는 작업은 영광과 환희의 시간이었다.

시노래를 작곡하는 동안에 작고하신 시인 분들도 적지 않다. 한국 문학의 거목이신 김남조, 이어령, 신경림, 김지하, 오탁번, 이외수, 윤후명 시인 등이 빛나는 보석 같은 유산을 남기고 우리 곁을 떠나셨다. 김희준, 권지숙, 송유미 시인의 때 이른 작고도 한국 문학계에 큰 손실이었다.

특히 이어령 선생님의 에세이를 받을 수 없었던 점은 두고 두고 큰 아쉬움으로 남는다. 대신 1,000번째 시노래인 〈정말 그럴 때가〉의 시구를 이 책의 제목으로 삼게 된 것에 위안을 삼는다.

미처 작곡하지 못한 아름다운 시가 무수히 많이 남아있지만, 이쯤에서 여정을 멈추고자 한다. 시노래 1,000곡의 음원 작업과 미술 작업 및 글쓰기에 몰두하려는 열망의 소산이라 말하고 싶다. 또 다른 작곡가들이 참여하여 시를 사랑하는 대중들에게 많은 노래가 불리길 기대한다.

여기까지 오는 여정에 동행해 준 고마운 분들이 계신다. 천재 연구가 조성관 작가께서 주관하시는 지이너스 테이블의 원우님들, 카카오뱅크, 협찬과 찬조로 성원해 주신 지인들, 그리고 선뜻 출판을 돕겠다고 나서 주신 SBS 이주상 기자님께 감사함을 전한다.

첫 시노래인 정현종 시인 '방문객'은 시에 정통한 고교동창 친구 김영철의 제안과 권유로 선택되었다. 하지만 그 친구는 얼마전 안타까운 사고로 유명을 달리 하였다. 이 자리를 빌어 삼가 친구의 명복을 빈다.

끝으로 잠자고 있던 나의 예술혼을 일깨워 주고 언제나 나의 자긍심을 북돋아 준 H에게 각별한 고마움을 전한다.

2025년 여름, 김창훈 두 손

그림 : 김창훈 사진 : 이만홍

Woman in Blue 2025.6, 90.9×65cm ⋯ 앞표지
Allegro in Blue 2025.4, 53×40.9cm ⋯ 뒤표지
Memento Mori 2025.3, 53×40.9cm ⋯ 004
Between Poetry and Music 2025.5, 53×40.9cm ⋯ 005
Life Maze I 2025.6, 90.9×65cm ⋯ 017
Mother Sky 2025.5, 53×40.9cm ⋯ 031
Love in Yellow 2025.6, 90.9×65cm ⋯ 042
Wine Party 2025.4, 53×40.9cm ⋯ 061
Face Flower in Green 2025.3, 53×40.9cm ⋯ 067
Peony in Purple 2025.4, 90.9×65cm ⋯ 083
Butterfly Dream 2024.12, 53×40.9cm ⋯ 091
Hangang River 2025.1, 53×40.9cm ⋯ 101
Crown & Diamond 2024.12, 53×40.9cm ⋯ 109
Life Maze II 2025.6, 90.9×65cm ⋯ 139
Woman in Blue 2025.6, 90.9×65cm ⋯ 145
Stairway to Heaven 2024.12, 53×40.9cm ⋯ 151
Monologue 2025.4, 53×40.9cm ⋯ 161
Fly High 2025.4, 53×40.9cm ⋯ 169
Diamond Flower in Green 2025.5, 53×40.9cm ⋯ 181

악보

정말 그럴 때가 ⋯ 199
봄날은 간다 ⋯ 202

정말 그럴 때가

작시: 이어령
작곡: 김창훈
노래: 김창훈

정말 그럴때가_ 있을겁니다__ 어디가
나__ 벽이고__ 무인도이 고__ 혼자라는생각 이_
_ 들 때 가__
있을겁니다__ 누가
"괜찮니" 라고__ 말을걸어 도__ 금세
울음이 터질것같 은__ 노엽고외로 운_
_ 때 가__
있을겁니다__ 내
신발옆에벗어놓았 던 작은신발 들__ 내

정말 그럴 때가

봄날은 간다

작시: 김선태
작곡: 김창훈
편곡: 김승진
노래: 서명희

Copyright©KimSeungJin

봄날은 간다

봄날은 간다

봄날은 간다